基礎から学ぶ
英語学入門ガイド

A Reader-Friendly Invitation
to Understand English Linguistics

福田 稔 著

開文社出版

はじめに

　本書は、はじめて英語学を学ぶ人のための入門書です。内容の大部分は、大学の授業（英語学概論という科目）で使ったハンドアウトをもとにしています。ただ、書籍化するにあたって、次の３点に留意しました。

　まず、大学や短大で学ぶ英語学に最近生じた「変化」に対応することです。中学や高校の英語教員の免許を取得するためには、英語学の基礎を学ぶ必要があります。2019年（令和元年）４月に、文部科学省はその具体的内容を「外国語（英語）コアカリキュラムについて」で指定しました。それによると、英語学の全体目標として、「中学校及び高等学校における外国語科の授業に資する英語学的知見を身に付ける」があり、そのための学習内容は、「英語の音声の仕組み」、「英文法」、「英語の歴史的変遷、国際共通語としての英語」の分野から構成されています。そこで、本書の章立てを以下のように整えて、この３分野の基礎を漏れなく学べるようにしました。

　　　第２章　英語の歴史　　　　　「英語の歴史的変遷，国際共通語としての英語」

　　　第３章　英語の世界進出　　　「英語の歴史的変遷，国際共通語としての英語」

　　　第４章　単語の形成法　　　　「英文法」

　　　第５章　単語の構成　　　　　「英文法」

　　　第６章　発音の種類と仕組み　「英語の音声の仕組み」

　　　第７章　発音の変化　　　　　「英語の音声の仕組み」

　　　第８章　単語の意味　　　　　「英文法」

　　　第９章　文の意味　　　　　　「英文法」

　　　第10章　文の成り立ち　　　　「英文法」

　　　第11章　文構造の分析　　　　「英文法」

　次に、読者の興味を惹く内容を取り入れたいと考えました。例えば、「日本における英語学研究や英語学習の始まり」は興味深いトピックですが、英語学の入門書で扱われることはあまりないようです。そこで、本書の第1章や第3章で取り上げることにしました。また、近年大きな関心が寄せられているコーパスと言語習得についても、それぞれ第12章と第13章で紹介しています。

　最後に、読みやすくなるよう心がけました。私は「反転授業」という授業法を採用しているので、学生が授業前に教科書を読むことを必須の課題と位置付けています（さらに、授業の冒頭で小テストも実施しています）。そのためには、「内容が把握しやすい」ということが重要です。そこで、本書で扱う事項や用例を思い切って絞り込み、理解に役立てるために、英語の例だけでなく日本語の例も活用しました。大学や短大の学生だけでなく、知的好奇心が旺盛な高校生や社会人の方々にも十分理解して頂ける内容です。ただ、分かりやすさを優先したために、正確性を欠く表現になった箇所や、主観が色濃く出てしまった箇所があると思います。

　なお、本書を授業用教科書として使用する際のシラバス案や、各章毎の小テストも作成して、指導者向けの教授用資料としてまとめてあります。

　本書が完成に至るまで、多くの人たちに助けて頂きました。特に、高橋勝忠先生、西野雄登さん、宮村純夕さん、重藤大輝さんからは、さまざまな指摘やコメントを頂きました。また、開文社出版の丸小雅臣社長には、出版に至るまでさまざまな助言を頂きました。ここに記して感謝申し上げます。

　「驚きは、知ることの始まりである」とは、ギリシャの哲学者プラトンの言葉です。驚きまでとはいかないかも知れませんが、本書が皆さんの知的な刺激となり、学びの一助になることを祈っています。

令和4年8月吉日

福田　稔

目　次

第1章　英語学の研究

1.1　英語学と英文法

　英語について分析研究し、その実態や背後にある仕組みを明らかにしようとする学問分野が**英語学**（English linguistics）です。これと似た用語に**英文法**（English grammar）や**言語学**（linguistics）がありますが、これらの相違点と共通点は何でしょうか。

　英語の母語話者は無意識のうちに何らかの規則に従って英語を使います[1]。これを規則の体系（system of rules）としてまとめたものが英文法です。規則の体系とは、規則がバラバラにあるのでなく、それぞれが関係して全体としてまとまっている、という意味です[2]。

　見方を変えれば、英文法とは、英語の母語話者の脳にあって、英語を理解したり話したりすることを可能にしてくれる言葉の仕組みであるとも言えます。

　これに対して、英語学は英文法を研究対象とした学問分野です。例えば、日本語の「専攻」は「ある学問分野を専門に研究すること」を意味します。そのため、例えば、「大学で英語学を専攻する」と言っても、「大学で英文法を専攻する」と言うことはありません。これは、英語学は学問分野であり、英文法はその研究対象であるという違いによります。

　また、言語学という用語もあります。英語学と同じく、言語学も学問分野の１つです。しかし、言語学は英語に限らず、様々な**人間言語**（hu-

---

1　「使う」には、構文だけでなく、単語を使ったり、発音したりと英語の様々な側面が含まれることに注意してください。

2　水系（river system）が良い例です。大きな川（本流）に小さな川（支流）が繋がり、全体としてまとまりを成しています。

man language）の文法を研究します[3]。よって、研究対象となる言語は英語学より言語学の方が広範囲に及びます。英語学は言語学に含まれると見なすこともできるので、英語学と言語学の専門用語は共通しています。

　極端な言い方をすれば，英語に関わるすべてが研究対象となります。しかし、実際には、英語のどのような側面を分析し、どのような方法によって説明するかという観点から、複数の分野に分かれます。例えば、英語そのものの性質を研究する基礎研究の分野として、少なくとも(1)の4つがあります[4]。また、これを基礎とした(2)の分野もあります。

(1)　a．発音に関する研究分野：音声学（Phonetics）と音韻論（Phonology）
　　　b．単語に関する研究分野：形態論（Morphology）
　　　c．構文に関する研究分野：統語論（Syntax）
　　　d．単語や文の意味に関する研究分野：意味論（Semantics）
(2)　a．言語使用や談話を研究する語用論（Pragmatics）
　　　b．社会などの共同体での言語実態を研究する社会言語学（Sociolinguistics）
　　　c．**コーパス**（corpus）の開発や活用を通した研究を行うコーパス言語学（Corpus Linguistics）
　　　d．心（つまり、脳）の中での言語の発達を研究する心理言語学（Psycholinguistics）
　　　e．母語と異なる言語の習得を研究する第二言語習得論（Second Language Acquisition）

　(1)の分野は**一般言語学**（general linguistics）、(2)の分野は**応用言語学**（applied linguistics）と分類することもあります。一般に、大学では、(1)に関する科目を履修してから、(2)に関する科目を履修するという順で

3　人間言語は**自然言語**（natural language）とも呼ばれます。
4　言語には音声言語だけでなく手話言語（sign language）もあります。説明の便宜上、本書では音声言語としての英語を念頭に説明します。

す。

　英語学の研究対象は現代英語とは限りません。例えば、過去のある時代の英語を研究することもあります。このように特定の時期の言語を研究することは、**共時言語学**（Synchronic Linguistics）と呼ばれます。もちろん、ある時代から別の時代への歴史的変化を研究することもあり、そのような研究は**通時言語学**（Diachronic Linguistics）と呼ばれます[5]。

　もともと英語学の研究は、「何かの役に立てる」という実用的な目的というより、事実を明らかにして、疑問を解明したいという純粋な真理探究が動機となって進められてきました。ただ、その過程で発見されたことの中には、例えば、英語教育に活用できるものが数多くあり、実際に活用が進められています。

1.2　脳の支配力

　私たちは自らの意思で物事を知覚していると思っていますが、果たしてそうでしょうか。実は、脳の力は想像以上に強く、私たちの理性では抗うことができないことがあります。これは言語使用においても同じです。私たちは自らの意思で言語を使っているように思っていますが、脳に備わった文法に無意識のうちに従って言葉を使っているのです。

　そこで、次の図形(1)を見ながら、脳の支配力を体験してみましょう。

(1)

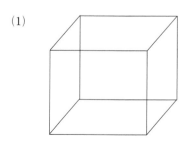

5　通時言語学は歴史言語学とも呼ばれます。1.4.3節の**ラング**を参照のこと。

この図を見つめていると、ある面が浮かび上がって見えてきます。どの面でしょうか。(2)や(3)のように、黒色の面が浮き上がって見えてくると思います。いかがでしょうか。

(2)

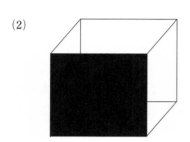

(3)

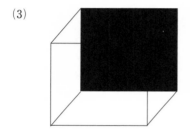

最初に見たときは、いずれか一方しか見えなかった人でも、今2つの見方があることがわかったと思います。

さて、次に、(2)か(3)のいずれか一方の形を心の中で選んで下さい。そして、最初に見た図形(1)を10秒間、選んだ形だけを見るように努めてみて下さい。いかがでしょうか。

選んだ形だけを見ようとすると、なぜかもう一方の形が出てきて、1つだけを見るのを邪魔してしまうのではないでしょうか。

つまり、図形(1)を初めて見たときには、2つの見方のうち、1つしか見えなかったのに、2つの見方がわかった途端、一方だけを見ることができなくなってしまうのです。

私たちは、物を見るときには自分の意思で見ていると思っています。でも、私たちの脳は、ひとたび2つの見方が可能であることがわかると、

私たちの意思とは無関係に、2つの見方で見るよう脳は強制するのです。その強制力は予想以上に強力で、私たちの意思や理性で変えることはほぼ不可能です。

　人の言語能力も同じです。自由気ままに言葉を使っていると思っていても、実は、脳にある文法の規則に従いながら、それに違反することなく言葉を使っているのです。

1.3　科学的な研究

　言語はある一定の規則に従って使われています。そのような規則はバラバラに存在するのではなく、体系を成しています。つまり、関連し合ってまとまりを成しています。その規則の体系が文法です。その言語が英語の場合に、その体系は英文法（English grammar）と呼ばれます。英語の事実を詳細に観察して、英文法の仕組みはどうなっているのかを明らかにしようとするのが英語学の目標の1つです。

　英文法が明らかになると、それを用いて様々な言語事実を説明することができるようになります。しかし、最近の英語学の研究は、それだけに留まらず、その規則がなぜあるのかという理由までも明らかにしようとしています。

　例えば、英語の名詞について考えてみましょう。名詞には**可算名詞**（Countable Noun）と**不可算名詞**（Uncountable Noun）があることは、皆さんご存知でしょう。この2種類の名詞の違いは何でしょうか。おそらく、(1)のように答える人が多いでしょう。

(1)　可算名詞は数えられる名詞で、不可算名詞は数えられない名詞です。

　ところが、これはただ単に、「可算名詞」と「不可算名詞」という漢字の意味の違いを説明しているだけです。2種類の名詞の根本的な違いを説明しているとは言えません。

　皆さんの中には、英語の規則性に着目して、(2)のように答える人もいるでしょう。これは事実を捉えているという点で合格です。

(2)　可算名詞は、不定冠詞aやanが付いたり（例えば、a catやan appleなど）、複数のsが付いたり（例えば、catsやapplesなど）する名詞で、不可算名詞はそのような要素が付かない名詞です。

　それでは、どのような名詞に不定冠詞aやanが付いたり、複数のsが付いたりするのでしょうか。この問いに、「可算名詞です」と答えてしまうと、堂々巡りになってしまい、「可算名詞とは何か」、「可算名詞と不可算名詞の違いは何か」という本質を解き明かす説明にはなりません。

　実は、英語の母語話者は、名詞が何を指すのかという意味がわかると、即座にその名詞が可算名詞か不可算名詞かということが判断できるのです。また、同じ名詞でも意味に応じて、可算名詞として使われたり、不可算名詞として使われたりする場合もあります。例えば、（鳥の種類である）「鶏」は、可算名詞a chickenやchickensですが、（食用の）「鶏肉、チキン」は、不可算名詞chickenとなります。

　第8章で説明しますが、実は、名詞の意味を構成する根本的な要素があると考えられるのです。それによって可算名詞と不可算名詞の違いが生じたり、同じ名詞でも意味に応じて可算名詞になったり、不可算名詞になったりするのです。このように単純で、基本的なことを問い直しながら、奥底にある理由や原則を突き止めるのも英語学の目標の1つです。

　ここで、具体的な研究の手順の例を紹介しましょう[6]。

(3)　特定のトピックに関する資料を収集します[7]。文献や辞書で調べることもあれば、英語母語話者に尋ねることもあります。最近では、

6　英語学の研究者が実際にどのように研究をしているか知るために、中島（1995）や家入（2005, 2009）を参考にすると良いでしょう。
7　後に触れる**生成文法**（Generative Grammar）の研究では、実際に考察される正しい事例や母語話者が正しいと（つまり、文法的であると）判断する例だけでなく、不自然な事例や非文法的な事例も考察の対象としています。

コーパスを使うことも多くなりました。

(4) 次に、考察対象の資料を考察し、資料に共通する一般的な特性や規則性や、例外的な事実を発見しながら、仮説（hypothesis）を立てます。なお、資料に共通する一般的な特性を見つけることは**一般化**（generalization）と呼ばれ、より多くの事実を捉える仮説は一般性が高いと見なされます[8]。

(5) 次に、導き出した仮説が正しいことを検証する必要があります。例えば，その仮説がどのような予測をするか考えて、他の事例にも当てはめ、その予測が正しいか確かめます。時には仮説の修正が必要となる場合もあります。これを繰り返し行うことで、その仮説の精度を高めます。

(6) 正しいとされる仮説が判明したら、これを前提として新たな規則や法則を導くことが可能となります。

　この手順は、小学校や中学校の理科で学んだ「観察→仮説→実験→検証」の手順と似ています。実は、言語研究は文系の分野であると思われていますが、研究方法は理系の分野と共通点があります。そのため、英語学や言語学は、**人文科学**（humanities）と呼ばれる科学分野に属します。

1.4　研究の歴史

1.4.1　言語研究への関心

　言語の研究は実に歴史が古く、これまで世界各地で言語に関心が寄せられ、様々な考察や研究が行われてきました。

　例えば、日本最古の歴史書『古事記』が太安万侶によって編纂され、元明天皇に献上されたのは712年（和銅5年）です。文字は全て漢字で書かれていました。それから約1000年後の江戸時代には、『古事記』は

8　数学を例にすれば、最大公約数を見つけることに似ています。

既に古典でした。ですから、その解読のために江戸の国学者・本居宣長
は、1764年（明和元年）から1798年（寛政10年）の34年を費やして注釈
書『古事記伝』を執筆したのです。

　このように、日本では西洋の学問が入ってくるはるか以前から、古典
を読み解くための研究が行われていました。次に西洋での言語研究の歴
史を概観してみましょう。

1.4.2　ヨーロッパの言語研究

　西洋に目を移すと、言語研究は古代ギリシャから始まったと言われて
います。例えば、プラトン（Plato, 427/428 bce-347/348 bce）は言語の
語源や獲得についての考察を行なっていました。

　そして、紀元前 2 世紀にはディオニュシオス・トラクス（Dionysius
Thrax, 170bce-90bce）[9]が、最古のギリシャ語文法書『文法の技法』（英：
Art of Grammar）を著しました。そこで、品詞という概念を体系的に整
えました。例えば、古典ギリシャ語の単語を名詞、動詞、分詞、冠詞、
代名詞、前置詞、副詞、接続詞の 8 つに区別したのですが、これが品詞
分類の基礎となりました[10]。また、ラテン語文法にも影響を与えました。

　例えば、 4 世紀中頃に古代ローマのアエリウス・ドナトゥス（Aelius
Donatus）が著した『文法術』（*Ars grammatica*）は中世に至るまでラテ
ン語文法書として広く使われたのですが、トラクスの品詞体系に基づい
ています。ラテン語の権威と相まって、中世までは「文法」と言えば
「ラテン語文法」を指しました。しかし、ラテン語には冠詞がなかった
ので、古典ギリシャ語を土台にした品詞 8 分類には無理がありました。

　このようにギリシャ語やラテン語の文法書を整えたことから誕生した
のが**伝統文法**（Traditional Grammar）です[11]。

　さて、イギリス人によって英語で書かれた最初の英文法書はウィリア

9　年号のbceはbefore common era（紀元前）の略語、c.はラテン語のcirca（およそ）
　の略語です。

10　現代の学校文法での品詞分類の基礎にもなっています。

11　「伝統」という名称から「新しいものに劣った」と誤解しないように注意してくだ
　さい。渡部（2001: 73-83）を参照のこと。

ム・ブロウカー（William Bullokar, c.1520-c.1590）による『簡約英文典』（*Bref Grammar for English*, 1586）です[12]。英語には冠詞があるので、トラクスの品詞8分類はうまく適用できました。ところが、これはウィリアム・リリー（William Lily, c.1468-1522）が英語でラテン語を説明した文法書に基づくため、実質的にはラテン語文法を土台とした英文法書でした。

　ラテン語を下地としたため、英文法には実態に合わない規則を強いる**規範文法**（prescriptive grammar）の性格を帯びることもありました[13]。例えば、「to不定詞において、toと原型動詞の間に副詞を置いてはいけない」、「二重否定を用いてはいけない」、「前置詞で文を終えてはいけない」などの規則です[14]。

　さて、15世紀から始まる大航海時代が始まると、ギリシャ語やラテン語に由来しない言語の存在も明らかになりました。特に、18世紀にイギリスがインドを植民地化したことで、インドの古代語であるサンスクリット語の存在がヨーロッパの言語学者に知られることとなります。驚くべきことに、紀元前5世紀から4世紀にインドの文法学者**パーニニ**（Pāṇini）はサンスクリット語の文法を分析し、まとめていたのです[15]。

　1783年、そのインドにイギリスから来たのが、語学の才能に恵まれた**ウィリアム・ジョーンズ**（William Jones, 1746-1794）でした。彼は東インド会社に雇われて、判事として赴任したのです。インドでサンスクリット語を学び始めると、直ぐにこの言語が西洋の古典語であるギリシャ語やラテン語に似ていることに気づきました。これら3言語は、（既に存在しない）共通の古い言語に由来すると考えたのです。そして、1786年に開催されたカルカッタの学会での講演で自分の発見に触れまし

12　渡部（2003: 70-90）を参照。また、渡部（2020: 150-155）によると、3冊が現存しています。

13　1.4.4節で触れるように、伝統文法の流れを汲む文法書や研究が全て規範的という訳ではありません。

14　現代に至るまでの経緯については、鈴木（2013, 2018）を参照のこと。

15　パーニニの文法論は、空海が著した『声字実相義』（しょうじじっそうぎ：820年前後）に影響を与えたと言われています。

た[16]。この考察がヨーロッパに伝わり、地理的に離れた複数の言語であっても、歴史を遡ると、共通する**祖語**（proto-language）と呼ばれる言語に辿り着くという着想に至ります。

　ジョーンズの考察をきっかけとして、祖語からどのように分かれて多種多様な言語が誕生したのかを解き明かそうとする**比較言語学**（Comparative Linguistics）の研究がヨーロッパで盛んになりました[17]。

1.4.3　ヨーロッパとアメリカの構造言語学

　20世紀に入ると、新たな言語研究が誕生します。それが**構造言語学**（Structural Linguistics）です[18]。これは、ヨーロッパとアメリカという離れた地域で同時期に提唱された考え方を一括りにしているので、注意が必要です。

　ヨーロッパの構造言語学における最重要人物は、スイスの言語学者**フェルディナン・ド・ソシュール**（Ferdinand de Saussure, 1857-1913）です[19]。言語は、基本要素が対立関係で定義されて構造を成す体系であると論じたことから、ソシュールの考えは構造言語学と呼ばれます[20]。彼は現代に続く言語研究の礎（いしずえ）を築いたので、「近代言語学の祖」や「構造主義の父」とも呼ばれます[21]。

　ソシュールは言葉の全体的な姿を**ランガージュ**（langage）と呼び、これは(1)のラングとパロールという二項対立の概念に分類されます。さ

16　サンスクリット語自体が祖語ではないという点に注意してください。ちなみに、彼の父親も同姓同名で、円周率を π で表した数学者でした。

17　特にドイツで盛んになりました。風間（1994: 34）、第 2 章の2.3節のグリムの法則を参照のこと。なお、比較言語学は、関係が深い複数言語（例えば、英語とドイツ語）の通時的観点での研究を指しますが、**対照言語学**（Contrastive Linguistics）は、関係が薄い複数言語（例えば、英語と日本語）の共時的観点での研究を指します。

18　**構造主義**（Structuralism）と呼ばれることもあります

19　ソシュールが亡くなった後、彼の教え子たちが講義内容をまとめて1916年に出版したのが、有名な『一般言語学講義』（*Cours de linguistique générale*）です。1928年にフランス語の原書から初めて外国語に翻訳されました。それは日本語訳で、翻訳したのは小林英夫（当時の京城帝国大学教授）です。ちなみに、ドイツ語訳が出版されたのは1931年、ロシア語訳は1933年。英語訳は1959年でした。

20　Trask and Mayblin（2000）を参照のこと。

21　立川・山田（1990: はじめに）を参照のこと。

らに**ラング**には⑵の通時態と共時態の２つの側面があると論じていま
す[22]。

(1)　**ランガージュ**
　　a．**ラング**（langue）：ある言語を使う人々が共通に持っている、
　　　　同じ文が同じ事柄を表すようにするための仕組み。
　　b．**パロール**（parole）：ある言語でラングに属さない要素。例えば、
　　　　個人が発音した音声などのように、その言語を使う人や場面で
　　　　異なるような、共有されない要素。
(2)　**ラング**
　　a．**通時態**（diachronie）：ラングに属する要素の歴史的な変化。
　　b．**共時態**（synchronie）：ある特定の時点でのラングの状態。

　当時、ヨーロッパでは歴史的な言語変化の研究が盛んでしたが、ソ
シュールは通時的な歴史変化の解明には、特定時代の言語研究も必要だ
として共時的言語研究の重要性を論じました。例えば、ある時代の英語
から別の時代の英語への変化を研究するためには、それぞれの時代の英
語の分析が必要不可欠になります。この考えは現在の言語研究で広く受
け入れられています。

　次に、アメリカ合衆国に目を向けてみましょう。20世紀に入る頃、母
語話者が減ってゆくアメリカ先住民の言語の調査研究において、言語を
ありのままの姿を捉えようとする**記述的**（descriptive）な立場がとられ
ました。その方法は英語や他の言語の構造分析の基盤にもなったので、
構造言語学と呼ばれます。

　その研究者の中で、「アメリカ言語学の父」と呼ばれたのが**レオナー
ド・ブルームフィールド**（Leonard Bloomfield, 1887-1949）です。当時
隆盛を極めた、観察できる行動のみを研究対象とした行動心理学（be-
haviorism）の影響は言語学にも及びました。彼は、言語の科学的研究
は客観的に証明できる資料に頼るべきで、言語学は資料を集め、その分

22　町田（2004）を参照のこと。

類（taxonomy）[23]と分析によって記述することであると論じました。言い換えると、観察できないものは言語研究の領域から除き、内面的な心的過程を研究対象から外したのです。これが次に登場する**ノーム・チョムスキー**（Noam Chomsky, 1928-）が提唱する**生成文法**（Generative Grammar）と大きく異なります。

1.4.4　伝統文法の新たな歩み

さて、伝統文法のことを忘れてはいけません。20世紀に入る頃から進展がありました。この頃には、以下のような言語の実態を重視する**記述文法**（descriptive grammar）の考え方を取り入れた英文法書がイギリスで著されました。

(3)　イギリスの言語学者による英文法書：
- a．チャールズ・トールバット・アニアンズ（Charles Talbut Onions, 1873-1965）『高等英文法—統語論』（*An Advanced English Syntax*, 1904）
- b．ヘンリー・スウィート（Henry Sweet, 1845-1912）『新英文法』（*A New English Grammar*, 1892, 1898）

日本の学校英文法の5文型の分析を提案したのがアニアンズです[24]。この分析法を当時の英語学者・細江逸記が、著書『英文法汎論』（1917）の「第2章 文の成立の形式」（pp.28-52）で援用し、日本で広めたと言われています。したがって、5文型を学校英文法で広く採用しているのは日本だけです。

また、スウィートは、1891年に書いた『新英文法』の序文（Preface）の冒頭で、「科学的な英文法」（a scientific English grammar）と記していることから、科学的な観点からの英文法研究を意識していたことが分

23　第12章の12.2.2節と第13章の13.4.1節を参照のこと。

24　Onions（1904: 23）を参照のこと。宮腰（2012）は、5文型がイギリスで広まらなかった理由について興味深い考察をしています。

かります。

　また、イギリス以外でも著名な英文法書が出版されました。

(4)　デンマークの言語学者による英文法書：
　　　オットー・イェスペルセン（Otto Jespersen, 1860-1943）『史的原理
　　　に基づく現代英文法』（*A Modern English Grammar on Historical*
　　　Principles, 1909-1949）
(5)　アメリカの言語学者による英文法書：
　　　ジョージ・カーム（George Oliver Curme, 1860-1948）『統語論』
　　　（*Syntax*, 1931）

　これらの流れはさらに発展して、近年では理論研究やコーパス調査も
取り入れた次の文法書が出版されています。多くの大学図書館に所蔵し
てあり、現代英語の研究や、卒業論文や学術論文の作成において頻繁に
活用されています。

(6)　a．クワーク、グリーンボーム、リーチ、スヴァルトヴィック
　　　　　（Quirk, Randolph, Sidney Greenbaum, Geoffrey Leech, and Jan
　　　　　Svartvik）『総合英文法』（*A Comprehensive Grammar of the*
　　　　　English Language（ComGEL）, 1985）[25]
　　　b．バイバー、ヨハンソン、リーチ、コンラッド、フィネガン
　　　　　（Biber, Douglas, Stig Johansson, Geoffrey Leech, Susan Conrad,
　　　　　and Edward Finegan）『ロングマン口語文語英文法』（*Longman*
　　　　　Grammar of Spoken and Written English（LGSWE）, 1999）
　　　c．ハドルストン、プラム（Rodney Huddleston and Geoffrey K.
　　　　　Pullum）『ケンブリッジ英文法』（*The Cambridge Grammar of*
　　　　　the English Language（CamGEL）, 2002）

25　イェスペルセンの『史的原理に基づく現代英文法』以来の大著と言われています。

1.4.5 生成文法の誕生

　言語研究を科学と明確に位置付けたのが、ノーム・チョムスキーが提唱している**生成文法**です。もともとチョムスキーは構造言語学を学んでいたのですが、その問題点と解決法に気づき[26]、言語研究に（コペルニクス的革命と評せられる）大方向転換をもたらしたのです。例えば、徹底した客観主義のアメリカの構造言語学と異なり、直接観察できない、内面的な言語直感なども研究に取り入れました。そのため、例えば構文研究だけでなく意味の研究も大幅に進展しました。

　その研究方法の背景には、表面的に見えている多様な現象よりも、その背後にある抽象的な法則の方に真実性があるという**ガリレオ・スタイル**（Galilean Style）があります[27]。チョムスキーは、発話等によって直接観察が可能な**外在化した言語**（Externalized Language, E言語）ではなく、その背後にある、脳や心に**内在化した言語**（Internalized Language, I言語）を研究対象とし、その解明を言語研究の目標に掲げたのです。

　具体的には、言語学が扱うべき問題として次の3つをチョムスキーは挙げています[28]。

(7)　a．言語の知識はどのようになっているのか。（デカルトの問題）
　　　b．言語の知識はどのように獲得されるのか。（プラトンの問題）
　　　c．言語の知識はどのように使われるのか。（フンボルトの問題）

　(7a)の問いは、（成人の）母語話者の言語能力の解明のことです。言い換えると、様々な言語現象を説明する規則や原理の解明です。(7b)の問いは、子どもの言語習得のメカニズム[29]の解明のことです。最後に、(7c)の問いは，言語使用の仕組みの解明です。

　この20年で急速に解明が進んでいる課題が「ダーウィンの問題」です。

26　Chomsky（1979: 131）によると、1953年に大西洋を航海中、船酔いになっていたときに閃いたそうです。
27　Chomsky（1980: 8 -10; 2021: 2 ）を参照のこと。
28　Chomsky（1986a: 3 ）を参照のこと。
29　これは**言語習得能力**（language faculty）とも呼ばれます。

約10万年前にアフリカを出て世界各地へ移動した人類ですが、その時点で既に言語能力を備えていたと考えられます。だからこそ、世界に分散した人類の言語は驚くほど似ており、共通点が多いのです。近年、この言語進化の解明に期待が寄せられています[30]。

　1957年に著書『統語構造』（*Syntactic Structures*）でチョムスキーが提案した生成文法の理論は[31]、初期理論、標準理論、拡大理論を経て最近のミニマリスト・プログラム（Minimalist Program）[32]へと変遷を辿っています。ただ、その根幹は揺るぎなく受け継がれています。

1.4.6　日本における英語学研究の幕開け

　現在の日本における英語学研究（および、言語学研究）の水準は高く、国内外で活躍する研究者が多数います。その研究の歴史を振り返ると、今日に至る英語学研究の幕開けとなったのは、1906年（明治39年）のジョン・ローレンス（John Lawrence, 1850-1916）の東京帝国大学文科大学（現在の東京大学文学部）への赴任でした[33]。

　イギリス、デボン州（Devon）のSampford Peverell生まれのローレンスは、小学校教師として勤めていましたが、大学へ進学し、1878年にロンドン大学で修士号を取得します。その後、パリやベルリンに留学し、1891年から1894年までチェコのプラハ大学で教えました。その間の1892年にロンドン大学から文学博士号を取得するのですが、さらにオックス

30　池内（2010）を参照のこと。

31　このときチョムスキーは28歳。マサチューセッツ工科大学（MIT）でドイツ語やフランス語などを教えていました。1957年2月に『統語構造』を出版したのは、オランダ、ハーグの小さな出版社ムートン（Mouton）です。その後、ロバート・リーズ（Robert B. Lees）による『統語構造』の書評が、アメリカ言語学会誌*Language*（第30巻, 7-9月号）に掲載されてからアメリカ国内で注目を浴びることになりました。Chomsky（1979: 133-134）とPullum（2011）を参照のこと。ちなみに、日本の言語学専門の出版社「ひつじ書房」の社名は、Mouton（羊）に由来します。巻末のURLを参照のこと。

32　**極小主義**（Minimalism）とも呼ばれます。

33　『毎日新聞』（英語版; 2020年10月17日）に掲載されたDamian Flanagan氏の記事によると、このときローレンスは55歳。日本語は全く話せませんでした。ちなみに、夏目漱石（1867-1916）の『三四郎』は1907年（明治40年）の設定ですが、「人品のいい御爺さんの西洋人」と表現されるのがローレンスだと思われます。芥川龍之介（1913年入学）の短編「あの頃の自分の事」でも、「ロオレンス先生」として登場します。

フォード大学に入学し、1898年に48歳で卒業します。1901年に再び修士号を取得し、ロンドン大学とオックスフォード大学で教えました。

　古英語や中英語にも通じ、ゲルマン語派言語だけでなくギリシア語やラテン語にも造詣が深かったローレンスは[34]、日本では期待に応えるべく教育に力を注ぎました。例えば、通常の講義以外に英文学演習室（English Seminar）を設け、試験に合格した学生を個人指導しました。ローレンスが最初に教えた学生の一人が**市河三喜**（1886-1970；1906年入学）です。

　市河は、ローレンスより先に東京帝国大学で教えていたドイツ系ロシア人教師ラファエル・フォン・ケーベル（Raphael von Koeber, 1848-1923）[35]からも薫陶を得て、東京帝国大学大学院へ進学します。そして、在学中の1912年（大正元年）9月に英語研究社（現在の研究社）から『英文法研究』を出版します。記述的、および、科学的考察に基づくこの本の出版が、日本における本格的な英語学研究の出発点とみなされています[36]。

　市河は1912年10月から留学のために渡英します。この年に音声学者の**ダニエル・ジョーンズ**（Daniel Jones, 1881-1967）が、ロンドン大学のユニヴァーシティ・カレッジ・ロンドン（University College London）にイギリス最初の音声学科（Department of Phonetics）を開設します。そこで市河はジョーンズから音声学を学びました[37]。

　1916年にローレンスは亡くなりますが、その後任として東京帝国大学文科大学英文科の助教授となったのが、この年1月に帰国したばかりの市河です[38]。1920年（大正9年）には文学博士の学位を取得し、同年8月には英文科で日本人初の教授となりました。また、1930年（昭和5年）から市河は日本英文学会の初代会長を務めました。

34　古英語、中英語、ゲルマン語派といった用語については、第2章を参照のこと。
35　夏目漱石の短編「ケーベル先生」や「ケーベル先生の告別」に登場します。
36　斎藤（2007: 57）、田島（2001: 15-16）、中村（2009）を参照のこと。
37　ジョーンズについては、第6章の6.3節や第7章の7.1節を参照のこと。
38　このとき夏目漱石は39歳。英文科の講師でした。教授昇格の内示を受けていたそうですが、この翌年に退職し、東京朝日新聞に小説記者（専属作家）として入社しました。

　このような萌芽期を経て、ローレンスや市河の教え子たちが（数世代にわたって）日本における英語学研究の裾野を広げたのでした[39]。ローレンスの研究業績は、学位論文を出版した1893年の著書*Chapters on Alliterative Verse*だけでした[40]。しかし、来日から亡くなるまでの10年間で日本の英語学研究の礎（いしずえ）を築いたことは、日本の英語学研究の歴史に残る大きな業績となりました。

39　例えば、市河三喜の教え子・大塚高信（1897-1979）の教え子には、1983年に近代英語協会の初代会長となった荒木一雄（1921-2013）、同年に日本英語学会の初代会長となった安井稔（1921-2016）、1993年に英語語法文法学会の初代会長となった小西友七（1917-2006）がいます。

40　アメリカ合衆国のコーネル大学図書館に所蔵されたものが、インターネットで閲覧することができます。URLを巻末に載せました。

第2章　英語の歴史

2.1　英語は国際語

　世界で最も使う人が多い言語は中国語（約11億人）だそうです。それでも、英語が国際語であることは疑いもない事実です。その理由をいくつか挙げてみましょう。

　まず、使用者の多さです。英語を第一言語とする人は約4億人ですが、英語を日常的に使う人を入れると約15億人います[1]。

　第二に、国際ビジネスや国際協力の場でも英語は主要言語です。GAFA（グーグル（Google）、アマゾン（Amazon）、フェイスブック（Facebook、現在メタ（Meta））、アップル（Apple））などの世界的企業の拠点がイギリスやアメリカにあります。もちろん、国際通信社であるロイター（Reuters）、AP（Associated Press）、UPI（United Press International）などがイギリスやアメリカで誕生し、インターネットがアメリカで発達して世界へ広まったことも見逃すことはできません。また、国連では英語が公用語の一つなっていますし、航空管制では英語が使われています。

　次に、文化（例えば、音楽や映画）や学術（例えば、学術誌）の発信媒体として英語が使われていることも重要な要因です。例えば、国際学会で英語の非母語話者の研究者同士が英語で議論をする場面は決して珍しくありません。英語の非母語話者の英語の歌が世界的にヒットすることもあります。例えば、スウェーデン出身のアバ（ABBA）の「ダンシング・クイーン」（Dancing Queen, 1976）や、カナダ・ケベック州出身のセリーヌ・ディオン（Céline Dion）の映画『タイタニック』（Titanic）

1　この数は増えており、約20億人と記されることもあります。

の主題歌「マイ・ハート・ウィル・ゴー・オン」（My Heart Will Go On, 1997）があります。

　事実、英語は私たちの日常生活にも浸透しています。「インターネット」、「スマホ」、「テレビ」、「パソコン」、「メール」など、英語に由来する外来語を用いずに日常生活を営むことは今や不可能です。また、これらの外来語を日本語だけで言い換えることは至難の技です。

　現在、英語が話されている国はどこでしょうか。直ぐに頭に浮かぶのはアメリカとイギリスです。でも、他にもあります。例えば、カナダ、オーストラリア、ニュージーランドです。さらにインドや香港やフィリピンでも英語が使われています[2]。

　具体的には、(1)のような英語が公用語、または、第1言語の国、(2)のような英語が主要言語の1つの国と地域、(3)のような英語が一部で使用されている国に分類できます[3]。

(1)　英語が公用語、または、第1言語の国
イギリス英語系統
・イギリス、アイルランド、カナダ、オーストラリア、ニュージーランド、マルタ、キプロス、シンガポール、ソロモン諸島、フィジー、キリバス、バハマ、セントクリストファー・ネービス、アンティッグア・バーブーダ、ドミニカ、セントルシア、バルバドス、グレナダ、トリニダード・トバゴ、セントビンセント・グレナディーン諸島、ジャマイカ、ベリーズ、ガイアナ、ガンビア、シエラレオネ、ガーナ、ナイジェリア、カメルーン、ケニア、ウガンダ、タンザニア、ザンビア、マラウイ、ジンバブエ、ボツワナ、スワジランド、レソト、南アフリカ共和国、モーリシャス、セーシェル

2　それぞれの国では微妙に事情が違います。例えば、カナダでは英語とフランス語が対等に使われています。インドでは、いろんな言語が使われているので、英語を共通の言語として使っています。
3　『英語便利辞典』（pp.458-459）によります。

　　アメリカ英語系統

　　・アメリカ合衆国、リベリア

(2)　**英語が主要言語の１つの国と地域**

　　イギリス英語系統

　　・インド、パキスタン、スリランカ、ジブラルタル、香港（中国）、
　　　ブルネイ・ダルサラーム、パプアニューギニア、ナウル、ツバル、
　　　バヌアツ、サモア、トンガ、フォークランド、ヴァージン諸島、
　　　バーミューダ、ナミビア

　　アメリカ英語系統

　　・プエルトリコ、グアム、アメリカ領サモア、フィリピン、北マリ
　　　アナ、ヴァージン諸島、ミクロネシア連邦、マーシャル諸島共和
　　　国

(3)　**英語が一部で使用されている国**

　　イギリス英語系統

　　・スーダン、エチオピア、ソマリア、エジプト、イスラエル、ヨル
　　　ダン、シリア／レバノン、カタール、オマーン、バングラデシュ、
　　　ニカラグア、スリナム

　　アメリカ英語系統

　　・パナマ

　(1)から(3)を見ると、イギリス英語系統の国の数が圧倒的に多いことが
わかります。また、国が変わっても、英語（English）という名称は変
わりません。アメリカで使われているからと言って、「アメリカ語」と
は言いませんし、オーストラリアで使われているから「オーストラリア
語」とも言いません。これには英語の歴史が大きく関わっています。

　実は、英語はもともとイギリスで使われていた言語でした。17世紀か
ら英語を話す人たちがイギリスから海を渡って国外へ旅立ち、それが世
界各地に英語が広まる発端となりました。ですから、話される国は違っ
ても、この言語の生まれ故郷であるイギリス（つまり、英国）の言語な
ので、「英語」と呼ばれるのです。

2.2 イギリスの地理

　大西洋が中心に位置する世界地図を見ると、日本はアジア大陸の東の端にある島国です[4]。イギリスはヨーロッパ大陸の西にある島国です。同じ島国なのですが、大陸までの距離が違います。日本から朝鮮半島までは、例えば、福岡から釜山までは215kmあります[5]。

　ところが、イギリスから隣のフランスまでは、最も近いところはドーバー海峡で34kmほどしかありません[6]。今ではイギリスとフランスは海底トンネルでつながっているので、鉄道や自動車で往来ができます。

　イギリスという国がある島はグレート・ブリテン島（Great Britain）です[7]。「大ブリテン島」や、単に「ブリテン島」と呼ばれることもあります。グレート・ブリテン島は、イングランド（England）、スコットランド（Scotland）、ウェールズ（Wales）の3つの地域から成ります。

　ところが、イギリスには北アイルランド（Northern Ireland）と呼ばれる地域もあります[8]。かつてイギリスは隣のアイルランド島を支配していたのですが、その後、アイルランドが独立するとき、北部地域がイギリスに残りました[9]。それが北アイルランドです[10]。

　イギリスには、イングランド、スコットランド、ウェールズ、北アイルランドの4地域から成りますが、それぞれが歴史的にも民族的にも、そして言語に関しても異なります。ただ、これら4地域をまとめたのがイギリスという国ですから、正式な国名は、「グレートブリテンおよび北アイルランド連合王国」（the United Kingdom of Great Britain and

---

4　日本は東の果てにあるので、この地域は極東（Far East）とも呼ばれます。
5　インターネットの「計算距離」（https://www.kyori.info/）で測りました。
6　34kmという数値はWikipediaによります。
7　グレート・ブリテン島とアイルランド島とその周囲の大小の島々は合わせてブリテン諸島（British Isles）とも呼ばれます。
8　北部アイルランドとも呼ばれます。
9　北アイルランドも含めて、アイルランドでの第1言語は実質的には英語です。
10　(1)は、巻末に載せたサイトの地図をもとに作製しました。

Northern Ireland）です[11]。ですから、「連合王国」を表すthe United King-domの頭文字を使って、the UKとも呼ばれます。

　イギリスはヨーロッパ大陸と近かったために、昔からいろんな人たちが海を渡ってやって来ました。その人々の言語が英語の成立に影響しました。事実、現代英語の元になる言語は、5世紀にヨーロッパ大陸から海をこえて渡来した言語です。英語の歴史はイギリスという国の歴史でもあるのです。ただ、英語史の舞台はイングランドでした。

　過去には、国としてのイギリスが存在しない時期もあったので、イギリスの歴史について説明するとき、ブリテン島やブリテン諸島という地名を使うことがあります。

(1)

11　この名称は1927年から使われています。

2.3　英語の始まりと時代区分

　英語の歴史は英語史とも呼ばれ、大きく次の4つの時期に区分されます。それぞれの時代の境目では歴史的転換と呼べる出来事が起こっています。

(1)　**古英語**（Old English, 449–1100）
(2)　**中英語**（Middle English, 1100–1500）
(3)　**近代英語**（Modern English, 1500–1900）
(4)　**現代英語**（Present-day English, 1900–現在）

　さて、世界の言語は約7000あると言われています。その中には、歴史を遡ると共通の祖先にたどり着く複数の言語があります。その共通の祖先は**祖語**（proto language）と呼ばれます。英語の祖語は**インド・ヨーロッパ祖語**（proto Indo-European language）です。現在のウクライナ、あるいは、トルコの辺りで、5000年以上前に使われていた言語であったと考えられています。

　なお、同じ祖語を持つ言語は**語族**（language family）という集団を成します。よって、英語は**インド・ヨーロッパ語族**（Indo-European language family）に属します。しかし、紀元前5000年から紀元前2000年の間に生じた、第一次子音推移（the First Consonant Shift）と呼ばれる発音変化がきっかけとなり、(5)のように、インド・ヨーロッパ祖語は9つの**語派**（languages）と呼ばれる集団に分かれました[12]。古英語は、その中の**ゲルマン語派**（Germanic languages）に属します。

---

[12]　(5)では、本書で扱う言語の系統を表して、これ以外は省略しています。また、説明で触れる言語がゴシック体になっています。

(5) インド・ヨーロッパ祖語

第一次子音推移

・バルト・スラヴ（Balt-Slavic）語派
・アルバニア（Albanian）語派
・アルメニア（Armenian）語派
・イラン（Iranian）語派
・インド（Indian）語派—**サンスクリット語**—ヒンディー語など
・ケルト語派（Celtic）—ブリトン語、ゲール語、ウェールズ語、
　　　　　　　　　　　　　　　　アイルランド語
・ヘレニック（Hellenic）語派—ギリシャ語
・**イタリック（**Italic**）語派—ラテン語**—イタリア語、
　　　　　　　　　　　　　　　　　フランス語など

・**ゲルマン（**Germanic**）語派**
　　北ゲルマン語群—古ノルド語—デンマーク語など
　　東ゲルマン語群　高地ゲルマン語—ドイツ語など
　　西ゲルマン語群
　　　　　　　　低地ゲルマン語—**アングロ・サクソン語**
　　　　　　　　　　（**古英語**）など

　さらに、ゲルマン語派は地域に応じて北東西の3語群に分かれます。そして、5世紀頃に西ゲルマン語群の中で第二次子音推移（the Second Consonant Shift）が生じたのです。これによって、英語とドイツ語は別集団に分かれました。

　第一次子音推移を法則化したのがドイツ人言語学者**ヤーコブ・グリム**（Jacob Grimm, 1785-1863）であるため、その法則は**グリムの法則**（Grimm's Law）と呼ばれます。彼は『グリム童話集』を書いたグリム兄弟の兄で、第二次子音推移も発見しました。

　驚くかもしれませんが、現代英語は他のゲルマン語派の言語より文法

は簡素なのです。例えば、ドイツ語の名詞には**文法性**（grammatical gender）があり[13]、男性名詞、女性名詞、中性名詞の区別をしなければなりませんが、（人称代名詞を除くと）現代英語ではこの区別はありません。

　ただ、英単語について言えば、**イタリック語派**（Italic languages）に属す（古代ローマ帝国の言語である）ラテン語やこれに由来するフランス語の影響を大いに受けています。例えば、現代英語で最もよく使われる上位100語の約9割が古英語由来の英単語です。ところが、上位1000語になるとラテン語・フランス語由来の英単語が約5割を占め、上位2000語では約6割を占めて、古英語由来の英単語は約3割と少数派になります[14]。

　つまり、英語は、文法や構文がゲルマン語派寄りなのに、単語はイタリック語派寄りという特徴を持つ言語なのです。2つの異なる語派の性質を持つ英語は、ヨーロッパの言語の中でも「変わり種」です。ただ、英語の歴史を見ると、この特徴がどのようにして誕生したか、この「変わり種」がどのようにして世界へ広まったのかということも明らかとなります。

　歴史的には、初めから英語を話す人たちがブリテン島に住んでいたわけではありません。英語（の大元になる言語）を話す人たちが住む前は、英語と全く異なる**ケルト語**（Celtic）を話すケルト人が住んでいました。

　ケルト人は、紀元前7世紀頃ブリテン島に渡来し始めた人々です。ケルト語はVSO（動詞・主語・目的語）という基本語順を持ちました。これは、現代英語のSVO（主語・動詞・目的語）と異なる語順です。

　ケルト語は現代英語の文法や構文には直接影響を与えていませんが、地名などの単語として残っています。例えば、London（ロンドン）、York（ヨーク）、Avon（エーヴォン川）、Thames（テムズ川）、clan（一族）、whisky（ウィスキー）などはケルト語に起源を持つ英単語です。

13　ある表現が文法的に正しいかどうかが問題にするときも文法性（grammaticality）という用語を使いますが、これとは異なりますので、ご注意ください。

14　堀田隆一先生の記事によります。http://user.keio.ac.jp/~rhotta/hellog/2011-08-20-1.html

その後、ローマ帝国軍が来襲し、ついに紀元43年にブリテン島の中央から南部が占領されました[15]。ただ、ローマ帝国の統治下でもケルト人はブリテン島に居住し、その言語と文化は継承されました。イギリスを意味する英単語Britainの語源はラテン語Britanniaです。さらに、このラテン語は、ケルトのブリトン人（Briton）の名に由来します。

2.4　古英語の時代

　長らくブリテン島を支配していたローマ帝国ですが、395年に東西に分裂して消滅します。そして、410年にはローマ帝国軍がブリテン島を去ったのです。

　すると、無防備となったブリテン島へ、ヨーロッパ大陸のユトランド半島付近からゲルマン人の**アングル**（Angle）、**サクソン**（Saxon）、**ジュート**（Jute）の３部族が侵入し、イングランドを支配しました。最初の侵入は449年でしたので、この年が英語の歴史の始まりです。

　３部族は**アングロ・サクソン**（Anglo-Saxon）とも呼ばれます。アングロ・サクソン人が話していた言語が**アングロ・サクソン語**で、これが英語の原型です。英語史では**古英語**（Old English）とも呼ばれます。英単語Englandは、Angla + land（アングル人の土地）に由来します。

　ローマ人が統治した時代と異なり、アングロ・サクソン人によってケルト人はイングランドの外へ追われました。人の移動と共に、ケルト語は、現在のアイルランド語（Irish）、スコットランド・ゲール語（Scottish Gaelic）、ウェールズ語（Welsh）、ブルトン語（Breton）など、イングランドの周辺地域の言語として残りました。

　実は、ブリテン島からフランスへ逃れて移り住んだケルト人（つまり、ブリトン人）もいました。彼らが住んだフランス北西部の半島は、部族

15　しかし、強大なローマ帝国軍でも、北部のスコットランドを占領することはできませんでした。スコットランドのケルト人が南下して攻めて来ることを恐れたローマ軍は、国防線として長城を築いたのでした。

の名前にちなんで、フランス語でブルターニュ（Bretagne）と呼ばれるようになりました。この地域は英語でブリタニー（Brittany）とも呼ばれます。これは「小さなブリテン」という意味です。フランスの「小さなブリテン」に対して、本家のブリテンは「元からある広大なブリテン」なので、グレート・ブリテン（Great Britain）と呼ぶのです。これが国の名称としても使われています。

　さて、アングロ・サクソン人は、イングランドで部族毎に異なる地域に定住しました。3部族の言語は若干異なっていたので、これがイングランドの地域方言の基礎となりました。

　さて、古英語の文法は現代英語と比べるとはるかに複雑な面がありました。特に、動詞、名詞、形容詞の語尾が変化しました。この変化は**屈折**（inflection）と呼ばれます[16]。古英語の特徴は**屈折語尾完備**（full ending）です。(1)に示したように、古英語では「石」を意味する名詞は男性名詞でした。そして、4つの格の種類に応じて語尾が変化しました[17]。

(1)　古英語　　　　　　　　　　　　　　　　現代英語
　　　単数名詞・主格「石が」stān ⎫
　　　単数名詞・対格「石を」stān ⎬　　stone
　　　単数名詞・与格「石に」stāne ⎭
　　　単数名詞・属格「石の」stānes ───▶ stone's

　興味深いことに、古英語では、「〜の」という属格をesという綴りを名詞の最後に付けて表していました[18]。ですから、現代英語のstone's（石の）は、元はstone-esだったのです。このesのeを省略して、その箇所にアポストリフィを使ったのが 'sです。現代英語の「アポストロフィs」は古英語に由来する歴史ある表現なのです。

16　形態論で学んだ屈折形態素を思い出して下さい。
17　āの上の棒線は長母音を表します。「アー」と延ばす発音です。
18　'sは所有以外の意味を表すこともあるので、英語学では所有格でなく**属格**（genitive case）という用語が広く使われます。

　また、語順はSVO（主語・動詞・目的語）だけでなく、SOV（主語・目的語・動詞）も多く使われました。古英語の語順は現代ドイツ語の語順に似ていると分析されています。

　例えば、「その王は息子を愛した」は、現代英語では(2)となります。ところが、古英語では(3)から(5)の 3 通りの表現法も可能でした。主語は下線、動詞は太字、目的語はイタリック体で表してあります。

(2)　<u>The king</u> **loved** *the son.*

(3)　<u>Se cyning</u> **lufode** *þone bearn.*

(4)　*Þone bearn* **lufode** <u>se cyning</u>.

(5)　<u>Se cyning</u> *þone bearn* **lufode**.

　単数男性名詞cyning（= king）は、主格（〜が）、または、対格（〜を）の綴り字です。しかし、指示詞seは主格の単数男性名詞にしか付かないので、se cyningは文のどの位置にあっても、主語として解釈されます。

　一方、単数男性名詞bearn（= son）も、主格、または、対格の綴り字です。しかし、指示詞þoneは対格の単数男性名詞にしか付かないので、þone bearnは文のどの位置にあっても、目的語として解釈されます。

　(3)から(5)の例からわかるように、古英語では主語や目的語といった文法関係が格という概念や屈折と関連し合っていたので、語順が自由だったのです。この点で現代の日本語に似た性質がありました。

　古英語の文字は、アングロ・サクソン人がヨーロッパ大陸から持ち込んだ**ルーン文字**（Rune）でした[19]。しかし、 5 世紀に始まるキリスト教の伝来と共にもたらされた**ローマ字**（Roman Alphabet）を、アングロ・サクソン人はルーン文字に代わって用いるようになりました。

　実は、(3)にある文字þは、ソーン（thorn）という名のルーン文字です。ローマ字を使うようになっても、11世紀頃まで使われていましたが、そ

19　『ハリー・ポッター』（*Harry Potter*）のホグワーツ魔法魔術学校では、古代ルーン文字学は 3 年生以上の選択科目の 1 つという設定です。

の後、thで表すようになりました。

　古英語の発音は、概ね綴り字に対応していました。古英語から現在に至る単語としては、例えば、book（本）、house（家）、pig（豚）、help（助け、助ける）、begin（始める）、child（子ども）、lonely（孤独な）、king（王）などがあります。

　アングロ・サクソン人の侵入後、8世紀にはスカンジナビア半島に住むゲルマン系の**デーン人**（Dane）がイングランドに侵入し始めました。最初は2つの民族は戦っていたのですが、やがて和睦し、共にイングランドに定住しました。

　デーン人が話していた言語は**古ノルド語**（Old Norse）と呼ばれ、これも古英語と同じゲルマン語派に属します。2つの言語は方言ほどの違いしかありませんでした。

　古英語は、古ノルド語の接触によって文法に大変化が生じました。2つの言語は似ていたものの、語尾の屈折が異なっていました。そこで、異なる屈折を省いてコミュニケーションを図ろうとしたと推察されます。これがきっかけで、古英語に屈折の消失が始まったのです。

　古ノルド語から古英語に入り現在に至る単語としては、約900語があります。例えば、egg（卵）、get（得る）、give（与える）、knife（ナイフ）、low（低い）、she（彼女が）、sky（空）、they（彼らが）、take（取る）、weak（弱い）などの基本語を占めます。

　古英語と古ノルド語に由来する単語は、**本来語**（native word）と呼ばれることもあります。本来語は、現代英語の日常生活でよく使われる（主に母音が1つの短い）英単語です。日本語の大和言葉（和語）に対応します。

　古英語で書かれた文献として有名なのが、英雄ベーオウルフの活躍を描いた叙事詩『ベーオウルフ』（*Beowulf*）です。映画化されていますし、日本語訳も出ています。

2.5　中英語の時代

　古英語期の最後に起こったのが、1066年の**ノルマン・コンクエスト**（Norman Conquest）です。王位継承の問題で不安定になったイングランド王室の隙を突き、フランスのノルマンディー公ウイリアムが攻め入りました。そして、ヘースティングスの戦いでハロルド2世の軍を破り、イングランドを征服し、国王となったのです。これ以後、イングランドは貴族の約10%を占めるフランス人に支配されます。1100年から1500年までの英語は**中英語**（Middle English）と呼ばれます。

　支配者（貴族）の言葉であるフランス語は公式の場所で使われ、英語は大衆の言語という二重構造が生まれました。アングロ・サクソン系の貴族たちもフランス語を学び、使わざるを得ませんでした。

　やがて、(1)に挙げたように、英語にフランス語から多くの語彙が入ってきました。

(1)　<u>古英語（アングロ・サクソン語）</u>　　<u>フランス語</u>

　　　pig（豚）　　　　　　　　　　　　　pork, beacon（ポーク、ベーコン）

　　　ox（雄牛）　　　　　　　　　　　　beef（ビーフ）例えば、英語で
　　　　　　　　　　　　　　　　　　　　動物の「豚」

　　　sheep（羊）　　　　　　　　　　　mutton（マトン）

　　　child（子ども）　　　　　　　　　infant（幼児）

　　　clothes（衣服）　　　　　　　　　dress（ドレス）

　　　stool（背もたれ無しの椅子）　　　chair（背もたれ付きの椅子）

　　　help（助け（る））　　　　　　　　aid（救助（する））

　　　sin（罪）　　　　　　　　　　　　crime（犯罪）

　　　house（家）　　　　　　　　　　　mansion（大邸宅）

　これらの単語は、もともと同じものを指していたのですが、英語では次第に異なる意味を表すようになりました。例えば、現代英語で家畜の

「豚」はpigですが、食卓に並ぶ「豚肉」の料理はporkやbeaconです。pigは古英語起源で、porkやbeaconはフランス語起源です。

　フランス語が英語に入ってきた過程を想像すると次のようになるでしょう。ある日、アングロ・サクソン系の貴族がフランス人貴族のmansionへ食事に招待されます。彼は使い慣れないフランス語で会話をして、帰宅します。そして、「今日は、素晴らしいmansionで、porkを食べたよ」と英語で家族に話します。すると、「mansionやporkってなに？」と問われて、「mansionは立派なお屋敷で、porkは豚肉の料理だよ」と答えるのです。このようなことから、mansionが「大邸宅」を指し、porkが「豚肉」を指す単語として英語でも使われるようになります。

　さて、中英語の語順も変化しました。**水平化**（leveling）と呼ばれる屈折の消失が進み、主語や目的語などの文法機能を名詞の語尾で示さなくなりました。そこで、主語は動詞の前に、目的語は後に置くことで対応したのです。そのため、語順はSVO（主語・動詞・目的語）がSOV（主語・目的語・動詞）より多く使われ始めました。

　文芸面では**ジェフリー・チョーサー**（Geoffrey Chaucer, c.1340-1400）が『**カンタベリー物語**』（Canterbury Tales）などの作品を中英語で残しています。『カンタベリー物語』を通して、当時の英語だけでなく、社会や庶民の生活等も知ることができます。

　特筆すべきは、発音の変化です。15世紀に生じ始めた**大母音推移**（Great Vowel Shift）によって、古英語の7つの母音の発音が体系的に変化しました。例えば、aを古英語では長母音/a:/（アー）と短母音/a/（ア）と発音していたのですが、この変化後、長母音の方が二重母音（/ei/）に変化しました。そのため、現代英語ではaという文字を「エイ」と呼ぶのです。

　もともと古英語には、母音を表すa、e、i、o、uの文字には、長い発音（長母音）と短い発音（短母音）の2つしかありませんでした。それぞれの発音をカタカナで表します。

(1)　母音字　　　長母音　　　　短母音

　　　　a　　　/a:/（アー）　　/a/（ア）

　　　　e　　　/e:/（エー）　　/e/（エ）

　　　　i　　　/i:/（イー）　　/i/（イ）

　　　　o　　　/ɔ:/（オー）　　/ɔ/（オ）

　　　　u　　　/u:/（ウー）　　/u/（ウ）

　　ところが、大母音推移のために、/ε:/と/o:/を含めた7つの長母音の調音点[20]が変わってしまい、その結果、次のように発音が変化しました。

(2)　　　　単語の例　古英語の発音　近代英語

　　　a.　　name　　/a:/（アー）　　/ei/（エイ）　→　aの呼び名

　　　b.　　deep　　/e:/（エー）　　/i:/（イー）　→　eの呼び名

　　　c.　　five　　/i:/（イー）　　/ai/（アイ）　→　iの呼び名

　　　d.　　home　　/ɔ:/（オー）　　/ou/（オウ）　→　oの呼び名

　　　e.　　house　/u:/（ウー）　　/au/（アウ）

　　　f.　　sea　　/ε:/（エー）　　/i:/（イー）

　　　g.　　food　　/o:/（オー）　　/u:/（ウー）

　　(2a)から(2d)の、a、e、i、oの近代英語（つまり、大母音推移後）の発音は、母音を表すアルファベット文字の呼び名に対応します。このため、アルファベットのaという文字を「エイ」と呼ぶのです。

　　ここでuの発音に注意してください。uの古英語の発音は/u:/（ウー）でした。この文字を、今では/ju:/（ユー）と呼ぶのはなぜでしょうか。

　　確かに、古英語の文字uには、長母音/u:/と短い発音/u/の2つがありました。ところが、中英語の時代に、/u:/を表す文字としてouが定着します。その後、(2e)に示したように、大母音推移によって綴り字ouが表す発音は/u:/から/au/へと変化しました。

　　本来ならuの呼び名は/au/になるはずでした。先にこの発音を綴り字

―――――――――――――――――――――――――――――――――

20　口の中で音が発生する位置のことです。

ouに取られてしまったので、uは/au/と呼ばれることはなかったのです。中英語期までuの呼び名は/u:/または/u/でしたが、後にフランス語の影響を受けて、uの呼び名は/ju:/（ユー）となりました。

2.6　近代英語の時代

　最初はフランスと密接な関係にあったイングランドですが、1204年にジョン王はフランス国王との争いに負けて、先祖伝来のノルマンディーの領土を失いました[21]。また、百年戦争（Hundred Years' War, 1339–1453）も起きて、2国の関係はさらに悪化します。ついに、イングランドでのフランス語の権威は失墜します。逆に、イングランドの国王や貴族たちの母語は英語になり、公式言語として英語が復権しました。この転機が**近代英語**（Modern English）の始まりです。

　ちなみに、イギリスがヨーロッパの他国より海外進出が遅れた理由の一つが、上述のように国家間の戦争が続いたためです。戦後、体制を整えて海外進出したので、結果的に多くの植民地を支配するに至り、（当時の）英語も国外に伝わることになったのです。

　さて、近代英語の確立に貢献したのが、15世紀に**ウィリアム・キャクストン**（William Caxton, c.1422–c.1492）がドイツから導入した印刷機です。なんと、それまでは書物は全て手書きで写していたのです。

　英語には多くの方言があり、英単語の綴り字は統一されていませんでした。しかし、印刷する際には綴り字を統一する必要があります。そこで印刷地であるロンドン英語の綴り字を採用したのです。つまり、印刷物を通してロンドン英語が広がり、やがて定着しました。これによってロンドン英語が**標準英語**（Standard English）となったのです。

　1700年頃には大母音推移が終わったのですが、印刷の方が早く導入されたので、古い綴り字が普及してしまいました。そのため、発音と綴り字の不一致という（悪名高い）英語の特異体質が鮮明になる結果となり

21　あまりの情けなさに、これ以後、英国王にジョンという名はいません。

ました。

　文法面では、人称代名詞、疑問詞、属格の 'sなどを除いて屈折がほぼ消失します。また、語順はSVO（主語・動詞・目的語）が英語の基本語順として確立します。

　文芸面では**ウィリアム・シェイクスピア**（William Shakespeare, 1564-1616）が数多くの作品を残し、また、外国語から英語への翻訳も多く出版されました。1650年頃までのイギリスにおけるルネッサンスとも重なり、ラテン語やギリシャ語など多くの外国語から語彙が英語へ入りました。次のように、同じことを指す語彙が増えて豊かさを増しました。

(1)　<u>古英語起源</u>　<u>フランス語起源</u>　<u>ラテン語・ギリシャ語起源</u>

help	aid	assistance
book	volume	text
fair	beautiful	attractive

第3章　英語の世界進出

3.1　世界へ伝わった英語

　まず初めに、第2章で学んだ英語史の流れを復習してみましょう。古英語期（449-1100）は、アングロ・サクソン人の言語がヨーロッパ大陸からブリテン島へ伝わり、古ノルド語との接触を経て変化し始めた時代でした。

　次の中英語期（1100-1500）は、英語がフランス語に地位を奪われ、そして再興した時代でした。この時期にはフランスとの百年戦争（1337-1453）があり、国内ではペストの流行（1360-1363）[1]、ワット・タイラーの乱（Wat Tyler's Rebellion, 1381）、そして、ばら戦争（Wars of the Roses, 1455-1485）といった貴族同士の争いが続きました。そのため、中英語期のイギリスは疲弊（ひへい）した時代でした。

　その間（中英語後期の15世紀になると）、ヨーロッパの国々は海外へ目を向け始めました。特に、スペインとポルトガルは競い合って海外進出をしました。大航海時代の幕開けです。この結果、イギリスは時代の流れに乗り遅れてしまったのでした。

　しかし、エリザベスⅠ世が25歳で即位（在位1558-1603）すると、イギリスは勢いを取り戻します。近代英語期（1500-1900）の中でも、初期近代英語期（1500-1700）はイギリス・ルネサンスの時期とも重なり、また、ウィリアム・シェークスピアが文芸面で活躍しました。エリザベスⅠ世の在位期間の出来事を(1)にまとめました。

1　80万人近くが亡くなったそうです。ちなみに、「ペスト」はドイツ語のPestに由来するので、英語としては通じません。英単語はplague（/pleig/）です。

(1) 1559年　イギリス国教会（Anglican Church）の確立［清教徒
　　　　　　（ピューリタン）の新大陸（アメリカ）への移住のきっか
　　　　　　けとなる］

　　1570年　エリザベスⅠ世がローマ法王に破門される

　　1584年　ウォルター・ローリー（Walter Raleigh）の新大陸（現在
　　　　　　のノースカロライナ州）での植民地建設［新大陸でのイギ
　　　　　　リス初の植民地］

　　1588年　英仏海峡でのアマルダの海戦でスペイン艦隊を撃破

　　1600年　東インド会社（East India Company）の設立[2]

　エリザベスⅠ世が亡くなった後も、イギリスの海外進出は続き、人の
移動と共に英語も国外へ伝わりました。これが、英語が世界語となった
きっかけです。インド、アメリカ、ニュージーランド、オーストラリア
と関わる出来事を(2)にまとめました。

(2) 1600年　東インド会社の設立

　　1620年　清教徒がアメリカへ移住

　　1763年　パリ条約によりカナダはイギリス領となる

　　1769年　イギリス海軍士官ジェームズ・クック（James Cook）が
　　　　　　ニュージーランドに到達

　　1770年　ジェームズ・クックがオーストラリアに到達

　現在、日本の学校ではアメリカ英語（American English）を中心とし
て教えられています[3]。そこで、3.2節では、アメリカ英語の成立と、イ
ギリス英語（British English）との相違点を概観します。

2　アフリカ大陸の喜望峰から東という意味合いで「東」が付いています。独自の軍
　隊を持っていたそうです。後に、オランダやフランスによる東インド会社も設立され
　ました。

3　日本では学校でアメリカ英語が教えられていますが、ヨーロッパでは外国語とし
　ての英語は、主にイギリス英語が教えられています。

3.2 アメリカ英語の成立

アメリカ新大陸を発見したのは、ポルトガルの援助を受けた、イタリア人探検家のアメリゴ・ヴェスプッチ（Amerigo Vespucci）でした。「アメリカ」（America）という名称は彼の名に由来します[4]。イギリスとアメリカの関係の歴史は次のような流れで始まりました。

1584年に、初のイギリス植民地がウォルター・ローリーによって建設されますが、後に放棄されてしまいます。その後の1607年に、国王ジェームズ1世からの勅許状を得て、（現在のヴァージニア州に）植民地建設が進められました。その町はイギリスにとって最初の永続的な植民地となり、国王の名に因んでジェームズタウン（Jamestown）と呼ばれました。

次に、1620年にメイフラワー号が現在のプリマスに到着して、102名の清教徒たちが上陸しました。彼らはピルグリム・ファーザー（Pilgrim Fathers）とも呼ばれます。1630年にも清教徒の一団がマサチューセッツ湾から上陸しました。

さて、イギリス人の新大陸への初期の移住は1607年、1620年、1630年でした。当時のイギリス英語は近代英語ですので、これがアメリカへ伝わりました。また、アメリカへ伝わった後で、本国イギリスの英語に変化が生じました。そのため、イギリス英語では古語法や廃語法となってしまった古い英語が、現代のアメリカ英語に残っている場合があります[5]。その具体例を考察してみましょう。

まず、Zの発音、単語の意味（名詞と形容詞）、動詞getの過去分詞形

4　ところが、発見した本人はアメリカの地を踏んでいません。初めてAmericaという語が用いられたのは、ドイツのマルティン・ヴァルトゼーミュラー（Martin Waldseemüller）がマティアス・リングマン（Matthias Ringmann）と著した『宇宙誌入門』（*Cosmographiae Introductio*, 1507）においてです。

5　一般に、言語が中心地から周辺地へ伝わると、中心地の方が早く変化する傾向があります。日本語でも地域方言に古い表現が残っているのは、このためだと考えられます。

などがあります。(1)から(4)の右側の現代アメリカ英語は、イギリスから伝わった近代英語の子孫です。

		現代イギリス英語	現代アメリカ英語
(1)	発音	Z /zed/	Z /ziː/
(2)	意味	autumn	fall
(3)	意味	sick（むかつく） ill（病気にかかっている）	sick（病気にかかっている）
(4)	綴り字	get – got – *got*	get – got – *gotten*

　(1)のZの発音ですが、近代英語では/zed/と/ziː/の2つの発音が混在していたのですが、それがアメリカへ伝わりました。本国イギリスでは/zed/が優勢となり、アメリカでは/ziː/が優勢となって、現在に至っています。

　これと似たのが、「秋」を指すautumnとfallです。近代英語でautumnとfallが混在していたのですが、それがアメリカへ伝わりました。本国イギリスではautumnが優勢となり、これが残りました。一方、アメリカではfallが優勢となったものの、autumnも部分的に残っています[6]。

　(3)のsickは、近代英語で「病気にかかっている」という意味で、これがアメリカへ伝わりました。ところが、その後イギリス英語で意味変化が生じて、sickは、「むかつく」を表すようになりました。そして、sickに代わって、illが「病気にかかっている」を表すようになったのです。

　(4)の動詞getの過去分詞も、現代イギリス英語と現代アメリカ英語で異なりますが、アメリカ英語のgottenは近代英語の綴り字の名残です。一方、イギリス英語では簡潔な綴り字のgotがこれに代わって用いられるようになりました。

　さて、文法と関わる事実を見てみましょう。例えば、demand（要求する）、insist（言い張る）、propose（提案する）、request（頼む）、re-

---

6　アメリカの歌手ビリー・ホリデー（Billie Holiday）の曲名やリチャード・ギア（Richard Gere）主演の映画名は、どちらも*Autumn in New York*です。

quire（必要とする）、suggest（提唱する）などの他動詞は、目的語とし
てthat節を従えることができます。ただ、一般に、イギリス英語では
(5a)のように、that節の動詞はshouldに導かれますが、アメリカ英語で
は(5b)のように動詞は仮定法現在になります。仮定法現在とは、概略、
現在や未来の非実現や不確定といった意味を動詞の原形を用いて表す表
現法です。主に、提案、要求、命令などの内容を表すthat節で用いられ
ます。(5)は『ウィズダム』（p.523）によります。

(5) アンはその少年を自分のもとへ返すよう要求した。

    a. Ann demanded that the boy *should be* returned to her care.（イギ
リス英語）

    b. Ann demanded that the boy *be* returned to her care.（アメリカ英
語）

  (5b)の仮定法現在は、元はと言えばイギリス英語の用法でした。こ
れが新大陸へ伝わり、現代アメリカ英語に残っているのです。一方、本
家のイギリス英語では、that節の「〜すべき」という意味と、動詞が原
形であることから、(5a)のように、助動詞shouldを補うようになりまし
た。

  興味深いのは、イギリスの近代英語の地域方言もアメリカに伝わり、
現代アメリカ英語に残っているという点です。例えば、1620年と1630年
に移住した清教徒たちは、イングランド東部のイースト・アングリアを
中心とする地域の出身でした。この地域の英語では、語末は子音の前の
/r/が消失するという特徴を持ちました。

  現在のニュー・イングランド（メイン州、ニューハンプシャー州、
バーモント州、マサチューセッツ州、ロードアイランド州、コネチカッ
ト州）の東部（海に近い地域）の英語に、現在もこの発音が残っていま
す。例えば、park（公園）の/r/の音は無く、日本語の「パーク」のよう
な発音です。

　つまり、アメリカ英語の地域方言は概ね移民の出身地によるのです[7]。ただ、国土の広さを考えると、イギリスの地域方言ほど大きな差は無いと言えるでしょう。具体的には、アメリカ英語は発音の特徴に着目して、北部方言（Northern）、中部方言（Midland）、南部方言（Southern）の3つに分類されています。

　なお、イギリス英語の標準英語の発音は**容認発音**（Received Pronunciation、RPと略）と呼ばれますが、アメリカ英語の場合は**一般アメリカ英語**（General American、GAと略）と呼ばれます。

　さて、アメリカ英語とイギリス英語の違いの1つに綴り字の違いがあります。例えば、(6)に挙げたようなものがあります。

(6)　現代イギリス英語　　　　現代アメリカ英語

現代イギリス英語	現代アメリカ英語
analyse	analyze
cancelled	canceled
centre	center
colour	color
honour	honor
pyjamas	pajamas
programme	program
taravelling	traveling

　(6)の2種類の綴りを比べると、英語学習者に分かりやすいのはアメリカ英語の方だと感じられます。これは、辞書編纂者として有名な**ノア・ウェブスター**（Noah Webster, 1758-1843）の貢献があったからです。イギリスからの独立戦争に参戦した経験を持つウェブスターは、政治的にイギリスから独立するなら言語的にも独立すべきだと訴えて、綴り字の改革を唱えました。彼の英語の綴字教本はアメリカ国内のほぼ全ての学校で採用されたほどでした。

7　5世紀にブリテン島へ渡ったアングロ・サクソン人たちが部族毎に定住した地域が、イギリスの地域方言の基礎となったことが思い起こされます。

　今では、アメリカ英語とイギリス英語の違いをインターネットで学ぶこともできます。どちらの英語が正しいということはありません。ただ、いろんな種類の英語を混在させて使うより、統一して使う方が聞き手や読み手にとって分かりやすいでしょう。この点にご注意ください。

3.3　日本人と英語の出会い

　日本人が英語とどのように関わってきたのか見てみましょう。例えば、日本人が初めてイギリスのことを知ったのはいつ、どのようにして知ったのでしょうか。また、日本人が初めて英語を学んだのはいつ、どのような理由で学ぶことになったのでしょうか。

　まず、日本人が初めてイギリスのことを知ったきっかけは、1543年（天文12年）8月25日、種子島の南端にある門倉（かどくら）岬に中国の密貿易船が漂着したという出来事でした。この船にポルトガル人が乗っていたので、日本人はポルトガル人を通して西欧のことを知ることになりました。

　このことから、日本語の「イギリス」は、ポルトガル語でイギリスを指す語Inglêsの日本語読み「イングリス」に由来します。これに「英吉利」という漢字があてられ、「英国」や「英語」などの略語が作られました。

　ちなみに、「日本」を意味する英単語Japanの語源は何かご存知でしょうか。実は、「ニッポン」だという説があります。「日本」を古い中国語の発音で呼んだ言葉をマルコ・ポーロ（Marco Polo）がヨーロッパへ伝え、Japan（ジャパン）という単語が生まれたのでした。国名や地名を表す単語の由来は実に興味深いですね。

　さて、1600年（慶長5年）にウィリアム・アダムズ（William Adams, c.1564-1620）が豊後佐志生（現在の大分県JR佐志生（さしう）駅近く）の黒島に漂着して、日本に来た最初のイギリス人となります。

　それでは、日本人はいつ、どのようなことから英語を学び始めたので

しょうか。それは、1808年10月 4 日[8]に起きたフェートン号事件がきっかけでした。

　これには、日本から遠く離れたヨーロッパで起きていたナポレオン戦争の影響がありました。当時、イギリスとフランスは対立関係にあったのですが、フランスはオランダを併合したため、イギリスとの対立関係がオランダにも及び、事件が発生したのです。

　オランダ船の拿捕（だほ）を目的とするイギリス海軍のフェートン号（HMS Phaeton）は、なんとオランダ国旗を掲げ、国籍を偽って長崎へ入港したのです。出島のオランダ商館からフェートン号へ 2 名が派遣されたのですが、拉致されてしまい、さらに食料などが要求されました。長崎奉行の松平康英[9]（1768-1808）はこの要求を受け入れますが、責任を取り切腹をして自害します。

　当時の日本は鎖国状態で、この有事に素早く適切に対応できず、屈辱的な思いを経験しました。そして、この事件によって日本人は英語に関心を寄せ、学び始めることになりました。

　1809年（文化 6 年）、江戸幕府は、本木正栄（もときまさひで：1767-1822）ら 6 名の長崎通詞に英学修行を命じました。「通詞」（つうじ）とは「通訳」のことです。しかし、鎖国のため直接イギリス人から英語を学ぶことはできません。そこで、 6 名はオランダ商館長のヤン・コック・ブロンホフ（Jan Cock Blomhoff）から英語を学んだのでした。

　それから 2 年後の1811年（文化 8 年）に本木正栄は、日本初の英会話書である『暗厄利亜興学小筌』（あんげりあこうがくしょうせん）を完成させ、1814年（文化11年）には、日本初の英語辞書『暗厄利亜語林大成』（あんげりあごりんたいせい）を完成させました。

　この約30年後の1848年（嘉永元年） 7 月に、ラナルド・マクドナルド（Ranald MacDonald, 1824-1894）が、北海道の利尻島に着きます。英国

8　この西暦は、和暦の文化 5 年 8 月15日に対応します。この時代の英語学習が現代の学習文法へ発展した過程については、八木（2007: 35-71）を参照のこと。

9　康英の読み方は、「やすひで」だけでなく、「やすふさ」という説もあります。また、誕生年は1761年という説もあります。

領カナダ生まれのマクドナルドは、父がスコットランド出身のイギリス人、母がネイティブ・アメリカンでした。彼は、幼いときに聞いた、「ネイティブ・アメリカンのルーツは日本人だ」という話を信じ続けました。そして、日本へ憧れる強い気持ちに押されて、ついに漂流を装って密入国したのです。

　マクドナルドは、1849年4月に長崎でアメリカ合衆国の軍艦に引き渡されるまで、日本人の通詞に英語を教えました。そのため、彼は日本で最初の英語母語話者の英語教師となったのです。そして、4年後の1853年（嘉永6年）のペリー黒船来航と歴史は続きます。

　日本人と英語との最初の出会いは、決して喜びに満ちたものではありませんでした。ただ、英語の歴史を振り返ると、常に厳しい現実（侵略、戦い、植民地化など）と抱き合わせで英語が発達し広まったことと、日本は無縁でなかったことがわかります。

　英語には世界進出の長い旅があったように、英語の文字も長い旅を経て現在に至りました。その旅について次の2つの節で説明します。

3.4　アルファベットの工夫の歴史

　日本語と**アルファベット**（alphabet）の出会いもポルトガル人を通じてでした。ポルトガル人の宣教師が、日本語の発音をアルファベットで表したのが、現在の国語で言う「ローマ字」の始まりです。ただし、ポルトガル語の発音を基礎としたローマ字でした。

　しかし、キリスト教の布教禁止によって、次第にオランダ語式のローマ字になり、幕末期に英語の影響力が増して、ローマ字は英語式となりました[10]。一般には広まらなかったものの、当時の薩摩藩主・島津斉彬（しまづなりあきら）はローマ字で日記をつけていたそうです。

　日本の「国語」では、日本語の発音をアルファベットで表したものを

10　日本語の発音をアルファベットで表すローマ字には、ヘボン式と訓令式の2種類があります。相違点もあるので、使用する際は注意が必要です。

ローマ字と呼びますが、そもそもアルファベットの起源は何だったので
しょうか。

　アングロ・サクソン人がヨーロッパからブリテン島にもたらしたルー
ン文字も、英語のアルファベットも、歴史を遡ると原カナン文字[11]とい
う**象形文字**（hieroglyph）に至ります。例えば、Aは牛の頭[12]、Bは家を
表す象形文字に由来します。これがAやBの文字の形の始まりです。

　地中海で交易を行っていたフェニキア人が、原カナン文字を書きやす
いように簡略化しました。それがフェニキア文字（紀元前11世紀半ばか
ら）です。ところが、これは子音しか表しませんでした。ただ、書きや
すいために、いろんな人たちが使うようになりました。

　実は、「フェニキア」とは、古代ギリシャ語で「赤い手を持つ人」を
意味したと言われています。このことから、フェニキア人とギリシャ人
は深い交流を持っていたことがわかります。

　やがてフェニキア文字はギリシャへと伝わり、ギリシャ語の文字とな
りました。そのとき、ギリシャ人は、子音だけでなく母音も表せるよう
に工夫をしたのです。例えば、ギリシャ人は子音文字の中の5つを母音
文字に変えて使いました。これが、後の母音を表すA, U, E, I, Oの始ま
りです。

　英単語のalphabetは、ギリシャ語の文字の最初の2文字AとBの名称
alphaとbetaを連続した語alphabetosに由来します。現在では、alphabetは、
言語の文字体系を指すようになりました[13]。また、ギリシャ語の最初の
2文字が元になっていることから、「初級、基礎」を意味することもあ
ります[14]。

　紀元前7世紀、イタリア半島に住み着いたラテン人は、同じ土地に住
むギリシャ人やエトルリア人から文字を学びました。彼らの文字はフェ
ニキア文字に由来しますが、ラテン人は独自に工夫して、ラテン語用の

11　イスラエルやレバノンで発見されました。青銅器時代後期（紀元前15世紀頃～）に
　　遡ります。シナイ文字とする研究もあります。
12　Aを逆さにすると牛の頭に見えますね。
13　例えば、日本語の「ひらがな」は英語でJapanese alphabetと呼ばれます。
14　日本語で、「釣りのいろは」と言うときの「いろは」に相当します。

文字を編み出したのです。これがラテン文字（Latin alphabet）であり、ローマ帝国の文字でもあるので、ローマ字（Roman alphabet）とも呼ばれるのです[15]。

英語のAからZまでの26文字はアルファベットと呼ばれることもあれば、ローマ字と呼ばれることもあります。同じ文字に2つの呼び名があるのは歴史的な理由があったのです。

さて、西暦392年にキリスト教はローマ帝国の国教となりました。キリスト教の式典はラテン語を用いたのですが、そのキリスト教が5世紀にブリテン島に伝わりました。それと同時に、ラテン語の文字（つまり、ローマ字）もアングロ・サクソン人に伝わったのです。キリスト教徒となったアングロ・サクソン人は、高度なローマの文化を取り入れるために、ルーン文字の使用をやめて、ローマ字を使うようになりました。ただし、第2章の2.4節でルーン文字þに触れましたが、創意工夫を施したローマ字採用でした。

3.5 大文字と小文字

前節で述べた通り、英語のアルファベットはラテン語のアルファベットに由来するので、英語の書体もラテン語のアルファベットを基礎としています。

ただ、大文字と小文字を混ぜて使うようになったのは中英語（1100-1500）の後期でした。大文字を文頭や固有名詞の語頭の文字として使ったり、1人称単数代名詞（I）として用いたりするようになったのは、18世紀後期でした。そして、1800年頃には大文字と小文字の使い分けが確立します。

そもそも、なぜ大文字（例えばA）と小文字（例えばa）があるのでしょうか。この問いへの答えは筆記具にあります。

15　日本の「国語」では、日本語の発音をアルファベットで表したものを「ローマ字」と呼んでいます。同じローマ字でも違いがあるので、注意して下さい。

　古代ローマの時代には、アルファベットは石に刻んでいました。ですから、文字の形は角張った、直線的な文字だったのです。その後、植物の葦（あし）で作ったペンで文字を書くことが始まりました。すると、柔らかい、丸みを帯びた文字が書けるようになったのです。そうなると素早く書けるようになります。このような過程を経て誕生したのが小文字です。大文字（例えばA）と小文字（例えばa）を見比べると、確かに、小文字の方が丸みを帯びており書きやすいことがわかります。

　日本でも 4 世紀頃に中国から漢字が伝わり、その後、漢字からより書きやすい平仮名や片仮名が誕生しました。文字の発達において、書きやすさというのは極めて重要な要素であることがわかります。

　ちなみに、現代英語のアルファベットは26文字ですが、大文字と小文字で似てない文字もあるので、初学者にとって覚えるのは大変です。

(1)

大文字	小文字	大文字	小文字	大文字	小文字
A (𝒜)	a (𝑎)	J (𝒥)	j (𝒿)	S (𝒮)	s (𝓈)
B (ℬ)	b (𝒷)	K (𝒦)	k (𝓀)	T (𝒯)	t (𝓉)
C (𝒞)	c (𝒸)	L (ℒ)	l (𝓁)	U (𝒰)	u (𝓊)
D (𝒟)	d (𝒹)	M (ℳ)	m (𝓂)	V (𝒱)	v (𝓋)
E (ℰ)	e (ℯ)	N (𝒩)	n (𝓃)	W (𝒲)	w (𝓌)
F (ℱ)	f (𝒻)	O (𝒪)	o (ℴ)	X (𝒳)	x (𝓍)
G (𝒢)	g (𝓰)	P (𝒫)	p (𝓅)	Y (𝒴)	y (𝓎)
H (ℋ)	h (𝒽)	Q (𝒬)	q (𝓆)	Z (𝒵)	z (𝓏)
I (ℐ)	i (𝒾)	R (ℛ)	r (𝓇)		

　私が中学生だった頃（1973.4-1976.3）は、活字体と筆記体（(1)の丸括弧の中の文字）の両方を書けるよう練習しなければなりませんでした[16]。文字の数は、活字体の大文字と小文字で52文字、筆記体の大文字と小文字で52文字あるので、合計104の文字を覚えなければならなかっ

16　(1)の文字はTimes New Romanで、丸括弧内の筆記体はSnell Roundhandという書体です。私のパソコンMacにありました。

たのです。

　さて、この活字体や筆記体という書体（文字の種類）も英語の歴史と関係があります。15世紀にロンドンでウィリアム・キャクストンが書物の印刷を始めるまでは、手書きで書物を書き写していました。そのとき書体を統一して書いたことから文字の書体が複数誕生しました。

　例えば、Aの小文字でもaと書く場合があれば、ɑと書く場合もあるのは、書体の違いに因ります。ただ、Aの小文字にギリシャ文字のα（アルファ）を使うのは避ける方が良いでしょう。Dの小文字dと区別がつきにくいことがあるためです。

　文字の歴史を学ぶと、使った人たちの工夫の積み重ねがあったことがわかります。私たちも工夫をして、正確に伝わるような文字遣いをしたいものです。

3.6　現代英語の謎解き

3.6.1　timeが「ティーメ」でなく「タイム」になる理由

　実は、ある時期にはtimeを「ティーメ」と発音していたのです。しかし、もともと古英語ではtimaと綴り、発音は綴り通りの/ti:ma/（ティーマ）でした。

　ただ、古英語の単語では、最初の母音が強く発音されるので、語末の母音は弱くなる傾向がありました。やがて、語末の弱化した母音字aはeと綴られるようになりました。現代英語の綴りtimeの誕生です。この綴り字が定着します。発音は、綴り通りの/ti:me/（ティーメ）でした。

　ところが、語末の母音の弱化がさらに進み、ついに発音が消滅してしまったのです。綴りはtimeのままで、発音が/ti:m/（ティーム）になりました。英語には、発音を欠くeで終わる単語が多いのは、語末の発音の弱化が関係していたのです。

　その後、中英語後期に大母音推移が生じて、綴りはtimeのままで、発音が/taim/に変化しました。この変化後、語末のeは直前の母音字が二重

母音/ai/（または、長母音）であることを示す新たな役割を担うことになりました。他の単語の例を(1)と(2)に挙げました。

(1)　単語　　　　語末eの直前の母音字の発音（二重母音）
　　　n<u>a</u>me　　a /ei/
　　　p<u>i</u>le　　i /ai/
　　　n<u>o</u>te　　o /ou/
(2)　単語　　　　eの直前の母音字の発音（長母音）
　　　<u>e</u>ve　　e /i:/
　　　br<u>u</u>te　　u /u:/

3.6.2　不規則動詞go

　動詞goの原形–過去形–過去分詞形は、go-went-goneです。ただし、似た綴り字はgoとgoneだけで、wentは似ても似つかない単語です。英語学習者にとって、実に悩ましい不規則動詞です。

　実は、wentはもともとwendという別の動詞の過去形だったのです。ただ、wendも「行く、向かう」という意味で、この点でgoと似ていました。そのため、過去形としてgoの原形–過去形–過去分詞形の中に入り込んでしまったのです。このような（学習者にとって迷惑な）侵入現象は、学術的には**補充法**（suppletion）という（気どった）呼び名が付けられています。

　be動詞も同じです。beと関係がありそうなのは現在分詞形beingと過去分詞形beenだけで、残りのam, is, are, was, wereは全く別の単語のように感じられます。それもそのはず、be動詞の語形変化は、補充法を通した、もともと異なる複数の動詞の語形変化形の寄せ集めなのです。

　英語の母語話者は、日常よく使う動詞（beやgoなど）は不規則であっても、何度も繰り返し使うので、自然に覚えることができます。

3.6.3　語末がsの副詞

　古英語は、現代英語に比べると単語の数ははるかに少なく、2万4千

語ほどしかなかったそうです。そこで、人々は限りある単語を工夫して使っていました。そこで活躍したのが「〜の」を表わす属格のesです。

　例えば、古英語では名詞の属格形を副詞として使うことがありました。それが残った現代英語の単語がalway<u>s</u>、nowaday<u>s</u>、sometime<u>s</u>です。これと似た例が、ceで終わる副詞hen<u>ce</u>、on<u>ce</u>、sin<u>ce</u>です。

　特に、onceは「一度」という意味ですが、もとは「1つの」を意味する古英語anに由来します。学校英語では、不定冠詞aを最初に学び（例えば、a book）、次に、その変わった形としてanを学びます（例えば、an apple）。しかし、歴史的には、anの方が古いのです。

　古英語のanが、中英語の時代に、子音の発音で始まる名詞の前では短くしてaとなりました。逆に、母音の発音で始まる名詞の前では、そのままanを置くことになりました。

　anから派生したのが、/w/という発音を語頭に加えたoneです。そして、oneから派生した副詞がonceとonlyです。

3.6.4　関係代名詞that

　テストで関係代名詞を選ぶ問題が出たとき、わからない時はとりあえずthatと答えたことはありませんか。thatは（その直前の）先行詞（antecedent）が人でも物でも使える便利な関係代名詞です。実は、その性質にも関係代名詞の歴史が深く関わっています。

　古英語には数種類の関係代名詞がありました。中英語で使用されたのは、その中の2つのþætとþeです。その後、þeが消滅して、（指示代名詞に由来する）þætが残りました[17]。これが変化して、現代英語の関係代名詞thatとなったのです。

　実は、中英語で使用されたþætとþe は、先行詞に関して役割分担がありました。先行詞が人などの有生名詞（animate noun）の場合はþeを使い、物などの無生名詞（inanimate noun）の場合はþætを使ったのです。þeが消滅した後は、先行詞が有生名詞の場合も無生名詞の場合もþætを使うようになりました。そのため、現代英語でも先行詞が人や物に関わ

17　þætは、中性、単数、主格または対格形（動詞の直接目的語の格形式）です。

らず、thatが用いられます。

　ちなみに、whoやwhichなどはもともと疑問詞でした。12世紀頃から関係代名詞として使われています。そのため関係代名詞の種類が増えました[18]。

18　whereなどの関係副詞も似た歴史背景があります。

第4章　単語の形成法

4.1　単語を作る方法

　新しい単語が作られるとき、何らかの方法に従って作られます。しかも、その作り方は限られた種類しかありません。見方を変えると、単語の作り方を支配する規則（言語の知識）があるのです。

　この章では、次の代表的な7つの**語形成法**（word formation）を紹介します。この中で、語彙力増強に役立つと言われているのが(4)の派生語の作り方です。

(1)　**略語**（abbreviation）
(2)　**複合語**（compound word）
(3)　**品詞転換**（conversion）
(4)　**派生語**（derivative）
(5)　**オノマトペ**（onomatopoeia）
(6)　**エポニム**（eponym）
(7)　**逆成語**（back-formation）

4.2　略語

　単語の綴りを短くしたものは**略語**（abbreviation）と呼ばれます。略語には、**頭文字語**（acronym）、**短縮語**（shortening）、**混成語**（blend）の3種類があります。短くなっただけで、品詞は変化しないのが略語の特徴です。

　　まず、**頭文字語**は、２語以上から成る語群の頭文字を並べて１語としたものです。(1)から(3)のように、複数の単語の頭文字を並べたものがあります。

(1)　<u>c</u>hief <u>e</u>xecutive <u>o</u>fficer（最高経営責任者）→ CEO

(2)　<u>c</u>ompact <u>d</u>isc → CD

(3)　<u>u</u>niversal <u>s</u>erial <u>b</u>us → USB

　　次に、**短縮語**です。(4)や(5)のように、これは単語の**音節**（syllable）の一部を省いたものです[1]。

(4)　examination（試験）からexam を作る順序：examinationを音節で分けるとex-am-i-na-tionになる → i-na-tion を省く → examとなる

(5)　laboratory（実験室）からlabを作る順序：laboratoryを音節で分けるとlab-o-ra-to-ryになる → o-ra-to-ryを省く → labとなる

　　３つ目が**混成語**です。これは、独立した２語を短くして、組み合わせて作られた単語です。

(6)　smoke（煙）とfog（霧）→ smog（スモッグ（煙の混じった霧））

(7)　breakfast（朝食）とlunch（昼食）→ brunch（ブランチ（遅い朝食））

4.3 複合語

　　２語以上の（独立した）単語をそのまま連ねた語が**複合語**（compound word）です。ただ、「構成する単語の意味をまとめると複合語の意味になる」とは限りませんので注意が必要です。

1　音節については第 6 章の6.2.3節で説明します。手短に言うと、１つの音節には１つの母音が含まれ、発音の構成単位となります。

　(1)や(2)のように、単語と単語の間にスペースが無い複合語は、完全に
1語になっている例です。(3)や(4)も複合語ですが、単語と単語の間にス
ペースがあります。

(1)　fire（火事）とfighter（戦士）→ firefighter（消防士）
(2)　girl（女の子）とfriend（友達）→ girlfriend（恋人）
(3)　convenience（便利）とstore（店）→ convenience store（コンビニ）
(4)　high（高い）とschool（学校）→ high school（高校）

　なお、ハイフンでつながれた複合語もあります。(5)は、もともと前置
詞句だった表現が形容詞として使われるようになった例です。

(5)　after-school（放課後の）、behind-the-scene（舞台裏の）、no-win-
no-lose（勝者も敗者もいない）

　ここで、複合語と**強勢アクセント**（stress accent）の関係について確
認しておきましょう[2]。次の例では、強勢アクセントの位置が太字と下線
で示されています。

(6)　a.　There is a bl**ue** book on the desk.（机の上に答案用紙がある（複
合語））
　　b.　There is a blue b**oo**k on the desk.（机の上に青い本がある）

　(6a)のblue bookからわかるように、複合語は第1要素の母音に強勢
アクセントが置かれる単語です。そうでない場合（つまり、(6b)）では、
blueとbookは複合語を構成しません。この場合は、形容詞blue（青い）
が名詞book（本）を修飾しており、単語より大きい**句**（phrase）を形成

2　単語の中の特定の母音は、強さ、長さ、声の高さを使って目立つように発音され
ます。第7章の7.1節を参照下さい。

します[3]。

　他にも(7)や(8)の例があります。(7a)と(8a)では、スペースが無いことから複合語であることがわかります。さらに、第 1 要素の母音に強勢アクセントが置かれることからも複合語であることがわかります。

(7)　a.　She visited a greenhouse.（彼女は<u>温室</u>を訪れた（複合語））

　　　b.　She visited a green house.（彼女は<u>緑色の家</u>を訪れた）

(8)　a.　The lawyer had a briefcase.（その弁護士は<u>手さげ鞄</u>を持っていた（複合語））

　　　b.　The lawyer had a brief case.（その弁護士は<u>簡単な事案</u>を担当していた）

　次の(9)と(10)も似た例ですが、注意が必要です。(9a)のcomic bookは「マンガ本」という複合語で、これがsalesmanを修飾しています。一方、(9b)ではbook salesmanが「書籍販売人」という複合語で、これをcomicが修飾しています。

(9)　a.　He is a comic book salesman.（彼はマンガ本の販売人だ）

　　　b.　He is a comic book salesman.（彼はひょうきんな書籍販売人だ）

　(10a)では、herは「彼女に」を意味し、dog biscuitsは複合語で「犬用ビスケット」を意味します[4]。ところが、(10b)では、her dogが句を成して「彼女の犬に」を意味し、biscuitsは「ビスケット」を意味します。

(10)　a.　He fed her dog biscuits.（彼は彼女に犬用ビスケットを食べさせた）

　　　b.　He fed her dog biscuits.（彼は彼女の犬にビスケットを食べさせ

3　句については、第10章の10.4節を参照下さい。(6b)のa blue houseは名詞句です。

4　(10a)は感心できる意味ではありませんが、説明のためにこのような例を挙げることがあります。不快に感じる方にはお詫びします。

た）

4.4　品詞転換

　品詞が変化して新しい単語となることは**品詞転換**（conversion）と呼ばれます。以下に、名詞から動詞が誕生した例を紹介します。

⑴　e-mail（名詞：電子メール）→ e-mail（動詞：電子メールを送る）
⑵　Google（名詞：（検索エンジンの）グーグル）→ google（動詞：グーグルで調べる、ググる）
⑶　text（名詞：文章）→ text（動詞：文字情報を電子メールで送る）

　なお、動詞e-mailが派生するまでに、名詞electronic mailから略語のe-mailが作られて、さらに品詞転換によって、動詞e-mailに変化している点にご注意ください。複数の語形成法によって、新しい語が誕生する例です。
　品詞転換では、概ね綴り字は変化しませんが、⑵のように固有名詞が動詞になる場合は、語頭の大文字が小文字に変化することがあります。また、品詞転換は**ゼロ派生**（zero derivation）とも呼ばれることもあります。その理由は、次の4.5節で説明します。

4.5　派生語

　基本となる語の要素に別の要素を付けて、新たな単語を作ることは**派生**（derivation）と呼ばれます。別の要素を付けることで、品詞や意味が大きく変化します。派生によって作られた単語が**派生語**（derivative）です。
　例えば、(1a)のように、名詞nature（自然）の後に-alを付加すると、

形容詞natural（自然な）が派生します。(1b)のように、形容詞naturalの前にun-を付加すると、反意語の形容詞unnatural（不自然な）が派生されます。また、⑵のように、動詞govern（治める）の後に-mentや-orを付加すると、名詞government（統治）や名詞governor（知事）が派生します。

⑴　a.　nature（自然）　＋　-al　→　natural（自然な）
　　　　名詞　　　　　　　　　　　　　形容詞
　　b.　un-　＋　natural（自然な）→ unnatural（不自然な）
　　　　　　　形容詞　　　　　　　　形容詞
⑵　a.　govern（治める）　＋　-ment　→　government（統治）
　　　　動詞　　　　　　　　　　　　　　名詞
　　b.　govern（治める）　＋　-or　→　governor（知事）
　　　　動詞　　　　　　　　　　　　　名詞

　　いろんな要素の組み合わせで派生が可能です。派生についての知識を持つことは、語彙力を増やすのに大いに役立ちます。この「単語の要素」については、次の第5章で説明します。

　　さて、4.4節で触れた**ゼロ派生**について説明しましょう。ゼロとは、「発音されない」ことです。ですから、ゼロ派生とは、「発音されない要素を使う派生」を指します。ただ、ゼロの要素は品詞を変える働きを持つので、綴りは変化していないのに、品詞だけが変化する結果となります。これは品詞転換と同じです。

　　例えば、名詞recordから動詞recordへの変化は、⑶のようになります。名詞recordに、名詞を動詞に変化させるゼロの要素 φ（ファイ）が付加します。

⑶　récord（記録）＋ φ　→　recórd φ（記録する）
　　名詞　　　　　　　　　　動詞

　興味深いのは、品詞の変化に伴う強勢アクセントの位置の変化です。音節（つまり、母音を中心とした発音単位）の順序を語末から１、２と示すと、⑶は⑷のように捉えることができます。

⑷　a.　ré – cord（名詞）
　　　　　 2　　 1

　　b.　re – córd（動詞）
　　　　　 2　　 1

　まず、(4a)のように、名詞recordは語末から２番目の音節に強勢アクセントがあります。動詞になると、(4b)のように、強勢アクセントは語末の音節へ移動します。これを「名前動後」と覚えた人もいるでしょう。

　ここで、ゼロ派生を使って⑷を再検討してみましょう。まず、（発音しないのに）品詞を動詞に変えるゼロの要素φも音節を成すと仮定します。すると、⑷は⑸として捉え直すことになります。

⑸　a.　ré – cord（名詞）
　　　　　 2　　 1

　　b.　re – córd – φ（動詞）
　　　　　 2　　　 1

　⑸に示したように、名詞でも動詞でも、語末から２番目の音節に強勢アクセントがあることがわかります。「強勢アクセントは語末から２番目」という点は変わらず、ただ、ゼロの派生要素が加わって動詞になると、その位置がreからcordへ変化したのです。

　ゼロ派生によって、品詞変化と強勢アクセントの位置変化を同時に捉えることが可能になります。つまり、発音されない音節を仮定することで、「名前動後」をより論理的に説明できる点が、ゼロ派生の利点と言えるでしょう。

4.6　オノマトペ

　オノマトペ（onomatopoeia）は**擬音語**や**擬声語**とも訳されます。音や声を真似た単語のことです。英語に比べて日本語には極めて多いという特徴があります。

(1)　bubble（名詞：泡、動詞：ふつふつと泡立つ）
(2)　clash（名詞：ガシャンという音、動詞：ガシャンと音がする）
(3)　cough（名詞：咳、動詞：コンコンと咳をする）
(4)　wow（名詞：大成功、大当たり、動詞：（観衆などに）やんやと大受けする）

　これと似たものに、(5)のように、音は出てないのに、その様子を表すために作られた単語もあり、これは**擬態語**（mimetic word）と呼ばれます。

(5)　tickle（動詞：ムズムズする）
(6)　twinkle（動詞：キラキラ輝く）

4.7　エポニム

　固有名詞が普通名詞となることもあります。例えば、人名から誕生した単語として、次の例があります。

(1)　sandwich（サンドイッチ）：イギリス貴族である第 4 代サンドウィッチ伯爵ジョン・モンタギュー（John Montagu, 4 th Earl of Sandwich; 1718-1792）の名に由来。
(2)　cardigan（カーディガン）：イギリス貴族である第 7 代カーディガン伯爵ジェイムズ・トマス・ブルーデネル（James Thomas

Brudenell, 7 th Earl of Cardigan ; 1797–1868） が命名。

　このように、人名に由来する単語が**エポニム**（eponym）です[5]。日本語では、**名祖**（なおや）やと呼ばれることもあります。大文字が小文字になる以外、単語の綴りや品詞に変化はありません。

　人名以外にも社名が商品名を表わす場合もあります。頭文字が大文字のまま使われている点にご注意ください。

⑶　a.　Toyota （トヨタ社）

　　 b.　I bought a Toyota. （トヨタ車を買いました）

⑷　a.　Scotch （スコッチ社）

　　 b.　Please bring the Scotch tape here. （ここにセロテープを持って来て下さい）

⑸　a.　Sony （ソニー社）

　　 b.　It's a Sony. （それはソニーの商品です）

4.8　逆成語

　ある種の勘違いがきっかけとなり、単語を短くして誕生したのが**逆成語**（back-formation）です。その代表例が、動詞edit（編集する）と名詞editor（編集者）です。

　一見すると、⑴のように、最初にeditという動詞があって、これに行為者（〜する人）を意味するorを付加してeditorが誕生した、と思われるかもしれません。

⑴　edit + or → editor

　例えば、4.5節の⑵bのように、名詞governor（知事）は、動詞gov-

5　固有名詞から普通名詞となった単語を**拡張語**（widening）と呼ぶこともあります。

ern（治める）にorを付加して誕生したので、editorの場合も同じではないかと推測されます。ところが、実際は逆なのです。逆に成り立った語なので逆成語と呼ばれます。

　歴史的にはedit が、「編集する」の意味で初めて使われたのが1793年、editorが「編集者」の意味で初めて使われたのが1712年でした。名詞editorの方が動詞editより古いのです。つまり、editにorを付加してeditorが誕生したのではなく、editorのorを省いてeditが誕生したのです。

　実は、もともとラテン語から英語に入って来たのがeditorという単語です。ところが、語尾にorがあるので勘違いが生じました。「editorはeditに行為者を表すorを付加してできた単語だから、もともとeditという動詞があったに違いない」という勘違いです。そのため、orを省いたeditという語を動詞として使い始めてしまったのです。

　editのように、名詞から作られた動詞の例を(2)に挙げました[6]。

(2)　名詞（初出年）　　　　　　　動詞（初出年）

baby-sitter（1937）	baby-sit（1947）
留守番の子守	留守番の子守をする
bulldozer（1930）	bulldoze（1937）
ブルドーザー	ブルドーザーでならす
commuter（1865）	commute（1889）
特に、定期券を利用する通勤者	定期券で通勤する
escalator（1900）	escalate（1922）
エスカレーター	（エスカレーターなどで）登り降りする
sight-seeing（1824）	sight-see（1835）
観光	見物する
typewriter（1868）	typewrite（1887）
タイプライター	タイプライターで打つ

　もちろん、名詞から誕生した名詞の逆成語もあります。例えば、イギ

6　『英語語源辞典』によります。

リスで2番目に古いケンブリッジ大学（University of Cambridge）に沿って流れるケム川を指すCamという語です[7]。もともと古英語の時代からあった古い地名が変化してCambridgeになったのですが、これは「Camにかかるbridge（橋）」を意味していると勘違いして、Camという川の名が誕生しました。

7　『英語語源辞典』（p.188）を参照のこと。

第5章　単語の構成

5.1　単語を構成する要素

　第4章では、新しい単語を作る語形成法について考察しました。本章では、単語の構成や仕組みに関する人の言語直感を解明する**形態論**（morphology）の基本概念に焦点を当てて説明します。手始めに、第4章で取り上げた派生語を中心に考察します。

5.1.1　形態素

　単語はこれより小さな要素から成り立っていることを、私たちは直感的にわかっています。例えば、英語がある程度理解できる人なら、形容詞unhappy（不幸な）はun-とhappyという2つの要素から成り、名詞government（統治）はgovernと-mentという2つの要素から成り立っていると感じるでしょう。

　このように、単語を細かく分解していくと、最小の要素に辿り着きます。それが**形態素**（morpheme）です[1]。形態素は独自の意味を持つ最小単位でもあります。形態素にはいくつかの種類がありますが、似たような用語があるので注意が必要です。

　形態素は、①単語の中の位置と、②性質や機能の2つの観点から分類されます。次の5.1.2節と5.1.3節で、①と②それぞれの分類を考察します。

　ただ、いずれにしても単語には中心となる形態素があります。それが**語根**（root）です。例えば、unhappyの語根はhappy、governmentの語根はgovernです[2]。

---

[1]　形態語とは言いませんので、漢字の表記に注意して下さい。

[2]　unhappyやgovernmentは、第4章で考察した派生語であることを思い出して下さい。

　語根と似た**語基**（base）という用語もありますが、語根と少し異なります。形容詞unnatural（不自然な）を例にしてみましょう。まず、(1)のように、natureに-alを付加すると形容詞natural（自然な）が派生します。この派生語のもとになった形態素natureが語根です。natureは単一の形態素で、その中に他の形態素はありません。この点に注意してください。

(1)　nature+ -al ➡ natural
　　 語根

　次に、派生語naturalにun-を付加すると、(2)のように反意語のunnaturalが派生します。

(2)　un- + natural ➡ unnatural
　　　　 語基

　派生語に接頭辞や接尾辞を付加して、新たな派生語を作るとき、もとの派生語を語基と呼ぶのです。つまり、語基（例えば、natural）は複数の形態素から成る点で語根（例えば、nature）と異なります。

5.1.2　位置による分類

　派生語を作るとき、語根や語基の前に付加する形態素は**接頭辞**（prefix）と呼ばれます。例えば、(3)と(4)では、un-が語根happyや語基naturalの前に付加しているので、un-は接頭辞です[3]。

(3)　un-　+　happy　➡ unhappy（不幸な）
　　 接頭辞　+　語根
(4)　un-　+　natural　➡ unnatural（不自然な）
　　 接頭辞　+　語基

3　接頭辞は、un-のように右端にハイフンを付けます。

　接頭辞と異なり、語根や語基の後ろに付加する形態素は**接尾辞**（suffix）と呼ばれます。例えば、governの後に付く-mentや、unnaturalの後に付く-nessがあります[4]。

(5)　govern　＋　-ment　　→ government（統治）
　　　語根　＋　接尾辞
(6)　unnatural　＋　-ness　→ unnaturalness（不自然さ）
　　　語基　　　＋　接尾辞

　(3)から(6)をまとめると(7)のようになります。なお、接頭辞と接尾辞をまとめて、**接辞**（affix）と呼ぶこともあります[5]。

(7)　接頭辞＋語根・語基＋接尾辞

　さて、複数の接頭辞や接尾辞が連続することがあります。例えば、(8)の形容詞unrecoverable（回復できない）では、2つの接頭辞un-とre-が連続しています。また、(9)の形容詞governmental（政府の、国営の）では、2つの接尾辞-mentと-alが連続しています[6]。

(8)　un- + re- + **cover** + -able → unrecoverable
(9)　**govern** + -ment + -al → governmental

5.1.3　機能による分類

　例えば、unhappyはun-とhappyという2つの形態素から成りますが、happyは独立した単語としても使えます。ところが、接頭辞un-は独立した単語として使えず、必ず別の形態素に付加しなければなりません。このような違いを根拠に形態素を分類することができます。

4　接尾辞は、-mentや-nessのように左端にハイフンを付けます。
5　接頭**語**、接尾**語**、接**語**ではありませんので、漢字の表記に注意して下さい。
6　(8)と(9)の太字の形態素が語根です。

　独立した単語として使うことができる形態素は**自由形態素**（free morpheme）と呼ばれます。happyやgovernは自由形態素です。これに対して、独立した単語として使うことができず、必ず他の形態素に付加する形態素は**拘束形態素**（bound morpheme）と呼ばれます。unhappyの接頭辞un-や、governmentの接尾辞-mentは拘束形態素です。拘束形態素は、さらに、**屈折形態素**（inflectional morpheme）と**派生形態素**（derivational morpheme）に分類されます。

(10)

　屈折形態素は文法概念を表す形態素です。(3)に例を挙げました。

(11)　a.　名詞に付加する複数の-s：apple_s, cat_s, tomatoe_s
　　　b.　名詞に付加する属格の's：John'_s cats
　　　c.　動詞に付加する3人称単数現在の-s/-es：She studi_es how people use technology.
　　　d.　過去時制の-d/-ed：They visit_ed the professor.
　　　g.　形容詞や副詞の比較級の-er：What makes us happi_er than money?
　　　h.　形容詞や副詞の最上級の-est：I am happi_est when I am with my family.

　(11)からわかるように、英語の屈折形態素は全てが接尾辞です。つまり、屈折形態素は語末に現れます。ただ、スワヒリ語（Swahili）のように屈折形態素が接頭辞である言語もあります。
　屈折形態素を使った単語の変化が**屈折**（inflection）です。語根と屈折形態素の境目で、単語が折れ曲がるように変化するので、屈折と呼ばれ

ます。これは、第 2 章で英語史を学んだ時にも出てきた、重要な文法用語の一つです。

　次に、派生形態素ですが、これは派生語を作るための形態素です。意味や品詞に大きな変化を生じさせます。例えば、unhappyのun-は接頭辞ですが、「否定」を意味する派生形態素でもあります。また、government の-mentは接尾辞ですが、動詞を名詞に変える派生形態素でもあります。派生形態素をたくさん覚えると語彙力を増やすことができるので、英語学習において極めて重要な形態素です。接頭辞の具体例を5.2.2節に、接尾辞の具体例を5.2.3節に挙げましたので、参考にしてください。

　以上の説明をまとめると、形態素には自由形態素と拘束形態素の 2 種類があり、さらに拘束形態素には屈折形態素と派生形態素の 2 種類があります。

5.2　結びつきの相性

5.2.1　選択制限

　5.1.1節で考察したように、形容詞unnaturalは、接頭辞un-と語根natureと接尾辞-alの 3 つの形態素から成り立っています。しかし、その結びつき方は、(1)のように 2 つの接辞がnatureに対等に結びついているのではありません。これには理由があります。

(1)　un- + nature + -al

　例えば、(2)のように、un-とnatureを組み合わせて派生した*unnatureは辞書に載っていません。つまり、英語に存在しない、不自然な単語です[7]。しかし、(3)のように、natureと-alを組み合わせて派生したnaturalは辞書に載っています。つまり、英語に存在する単語です。

7　アスタリスク*は、不自然な単語であることを示します。つまり、存在しない単語ということになります。

⑵　un- + nature → *unnature

⑶　nature + -al → natural

　この事実から、「形態素は自由勝手に組み合わせることができない」ということがわかります。これは、形態素には結びつく相手を選ぶ性質があり、その性質を満たしながら結びつくのです。これは「相手を選ぶ条件」なので、**選択制限**（selectional restriction）と呼ばれます。

　表現の自然さ・不自然さは、規則に従っているか、条件の要求を満たしているかによると考えることができます。したがって、規則や条件を解き明かすために、文法的で自然な表現だけではなく、非文法的な不自然な表現も重要な分析対象となります[8]。

　選択条件に話を戻して、例えば、英和辞典で接頭辞un-や接尾辞-alを調べてみましょう[9]。すると、⑷のような説明があります。

⑷　a.　un-は形容詞に付加して、その意味を否定する。

　　　b.　-alは名詞に付加して、形容詞を派生する。

　語根となるnatureは名詞なので、これに付加するのは-alであってun-ではない、ということがわかります。その結果、⑵のように、un-を強引に名詞natureに付加してunnatureを派生しても、⑷aの条件に違反するので、辞書にない不自然な単語にしかなりません。

　一方、-alが名詞natureに付加して派生したnaturalは形容詞です[10]。⑷aの条件から、この形容詞に付加できるのはun-ということになります。この順序で結びついて派生したのがunnaturalです。つまり、unnaturalが派生した順序は「⑸a→⑸b」であって、「⑹a→⑹b」ではないのです。

8　この点でも生成文法は従来の言語研究と異なる、際立った特徴を備えています。

9　英和辞典には、接頭辞や接尾辞も見出し語として載っています。

10　このとき⑷bの条件は満たされています。

(5)　a.　nature + -al → natural

　　　b.　un- + natural → unnatural

(6)　a.　un- + nature → *unnature

　　　b.　unnature + -al → unnatural

　近年、「形態素の語源に注目して英単語を覚えましょう」という主旨の単語帳が多く出版されています。これは語彙力を増やす一つの良い方法です[11]。しかし、上記の例からわかるように、結びつく相手にどのような品詞を選ぶかという選択制限に関する事実も、英単語の仕組みを理解する上で重要な役割を果たしています。

　もう一つ、重要な用語があります。選択制限を満たすか否かという性質によって、単語は細かく（つまり、下位に）分類することができます。このように細かく分類することは**下位範疇化**（subcategorization）と呼ばれます。例えば、英語の動詞は目的語として名詞を従えるか否かという点で、他動詞（transitive verb）と自動詞（intransitive verb）に下位範疇化されます。接頭辞や接尾辞は数多くありますが、選択制限によって結び着く品詞が定まっているので、品詞に応じて下位範疇化されます。

5.2.2　接頭辞の例

　意味と選択制限の観点から、以下に代表的な接頭辞を挙げました。

接頭辞	加える意味	語根・基体の品詞	例
anti-	反対して	名詞	antiwar（反戦の）
	〃	形容詞	anti-American（反米の）
bi-	2つの	名詞	bicycle（自転車）
	〃	形容詞	bilingual（2言語がうまく話せる）
com-	一緒に	名詞	coworker（同僚）, colleague（同僚）
(co, con, col)	〃	動詞	compose（組み立てる）,
	〃	〃	confront（直面する）

11　この点については、中田（2019: 73-79）が参考になります。

dis-	否定	名詞	<u>dis</u>ease（病気）
	〃	形容詞	<u>dis</u>honest（不誠実な）
	〃	動詞	<u>dis</u>like（嫌う）, <u>dis</u>appear（消える）
ex-	外へ	動詞	<u>ex</u>pect（期待する）, <u>ex</u>press（表現する）
in-(im-)	否定	形容詞	<u>in</u>direct（間接的な）, <u>im</u>possible（不可能な）
	〃	名詞	<u>im</u>balance（不均衡）
	中に	名詞	<u>in</u>side（内側）, <u>in</u>sight（洞察力）
	〃	動詞	<u>in</u>form（知らせる）, <u>in</u>tend（するつもりである）
mis-	失敗	名詞	<u>mis</u>spelling（誤った綴り）, <u>mis</u>take（間違い）
	〃	動詞	<u>mis</u>understand（誤解する）
non-	否定	名詞	<u>non</u>fiction（ノンフィクション）
	〃	形容詞	<u>non</u>-smoking（禁煙の）
re-	元へ・再び	動詞	<u>re</u>call（思い出す）, <u>re</u>form（改革する）
tele-	遠く離れて	名詞	<u>tele</u>phone（電話）, <u>tele</u>vision（テレビ）
un-	欠如	名詞	<u>un</u>employment（失業）
	否定	形容詞	<u>un</u>able（できない）
	元へ戻す	動詞	<u>un</u>do（外す、元に戻す）
uni-	単一の	名詞	<u>uni</u>form（制服）, <u>uni</u>verse（宇宙, 全世界）

　もちろん、変わり種の接頭辞もあります。例えば、enable（可能にさせる）やdisable（できなくする）で用いられるen-やdis-は、形容詞ableから動詞を派生する接頭辞です。

5.2.3　接尾辞の例
　以下に、名詞、動詞、形容詞、副詞を派生する代表的な接尾辞の例を挙げました。

名詞を作る接尾辞	語根・基体 の品詞	例
-al	動詞	arrival（到着）, rental（賃借）
-ee	動詞	advisee（指導学生）, examinee（受験者）
-ics	名詞	economics（経済学）, linguistics（言語学）
-ism	名詞	criticism（批評）, terrorism（テロ行為）
	形容詞	realism（現実主義）, socialism（社会主義）
-ity	形容詞	morality（道徳）, reality（現実性）
-ment	動詞	agreement（同意）, government（政府）
-ness	形容詞	business（仕事）, happiness（幸福）
-tion	動詞	action（行動）, examination（試験）

形容詞を作る接尾辞	語根・基体 の品詞	例
-able	動詞	eatable（食用の）, changeable（変わりやすい）
-al	名詞	global（世界の）, natural（自然な）
-ful	名詞	beautiful（美しい）, painful（痛ましい）
	動詞	forgetful（忘れっぽい）, regretful（悔しい）
-ic	名詞	basic（基本的な）, historic（歴史上重要な）
-ical	名詞	economical（節約になる） historical（歴史に関する）
-ive	動詞	active（活動的な）, creative（創造的な）
-less	名詞	careless（不注意な）, endless（無限の）
	動詞	countless（無数の）, tireless（疲れない）
-ly	名詞	friendly（親しみのこもった）
-ous	名詞	dangerous（危険な）, famous（有名な）

動詞を作る接尾辞	語根・基体 の品詞	例
-en	形容詞	broad<u>en</u>(広げる), sweet<u>en</u>(甘くする)
	名詞	hast<u>en</u>(急がせる), streng<u>then</u>(強くする)
-(i)fy	名詞	class<u>ify</u>(分類する), mod<u>ify</u>(修正する)
	形容詞	just<u>ify</u>(正当化する),
		simpl<u>ify</u>(単純化する)
-ize	名詞	critic<u>ize</u>(批判する), organ<u>ize</u>(組織する)[12]

副詞を作る接尾辞	語根・基体 の品詞	例
-ly	形容詞	careless<u>ly</u>(うっかり), beautiful<u>ly</u>(美しく)

　なお、例えば、-letや-essのように、品詞に変化を生じさせない接尾辞もあります。名詞bookに-letを付加して派生したbook<u>let</u>（小冊子）や、名詞lionに-essを付加して派生したlion<u>ess</u>（雌ライオン）は名詞のままです。

5.3　右側主要部の規則

　5.1節と5.2節で検討した派生語と異なり、複合語は自由形態素が結びつき合っているので、どちらの形態素が中心要素なのか直ぐに決定できません。しかし、私たちは無意識のうちに、複合語には中心となる要素があると感じます。

　例えば、日本語の母語話者なら、日本語の「ネコヤナギ」と聞けば、どんなものか分からなくても、植物の一種だと直感的に感じます。また、「ネコ」と「ヤナギ」の順序を入れ替えた「ヤナギネコ」と聞けば、動物の一種だと感じます。それはなぜでしょうか。

　それは、複数の形態素から成る単語は次の一般法則に従っているから

12　アメリカ英語の例を挙げましたが、イギリス英語ではそれぞれcriticise、organiseと綴られます。

です。

(1)　**右側主要部の規則**（Righthand Head Rule）：
　　一般に、単語の右側の形態素が主要部となる。

　主要部（head）は中心要素を指します。具体的には、右側の形態素が品詞を決定する場合と、右側の形態素が意味を決定する場合があります。
　まず、派生語では、一般に、右側の形態素が品詞を決定します。(2)から(5)の例では、（右側にある太字の）接尾辞が派生語の品詞を決めています。

(2)　運転（名詞）　→　運転**する**（動詞）
(3)　symbol（名詞）　→　symbol**ize**（動詞）
(4)　govern（動詞）　→　govern**ment**（名詞）
(5)　nation（名詞）　→　nation**al**（形容詞）

　派生語の意味は語根が中心で、これに接尾辞の意味が加わります。ただし、派生語の品詞に関しては、右側の接尾辞が決定します。
　右側主要部の規則の例外として、(6)や(7)があります。まず、(6)のように、5.2.2節で触れたenableやdisableでは、（左側にある太字の）接頭辞en-やdis-が品詞を決定しています。また、(7)のように、単語を形成する形態素の品詞から全体の品詞が予測できない事例もあり、**外心的**（exocentric）[13]であると呼ばれます。

(6)　able（形容詞）　→　**en**able（動詞）、**dis**able（動詞）
(7)　a.　push（動詞）＋ up（副詞）　→　push up（名詞：腕立て伏せ）
　　　b.　run（動詞）＋ down（副詞）　→　run down（名詞：衰退）

13　「中心要素が単語内部になく、外部を見ないとわからない」と理解すると良いでしょう。これは、ブルームフィールド（Bloomfield（1933））の用語で、第10章の10.4節に出てくる**内心的**（endocentric）と対立する概念です。

　次に、右側の形態素が意味を決定する例として複合語があります。英語の具体例(8)を見てみましょう。

(8)　a.　dog house

　　　b.　house dog

　(8a)のdog houseは、右側のhouseが主要部で、それをdogが修飾しています。その結果、「家のことだけど、犬がすむ家」、つまり、「犬小屋」という意味になります。これに対して(8b)のhouse dogは、右側のdogが主要部で、それをhouseが修飾しています。よって、「犬のことだけど、家に住んでいる犬」、つまり、「室内犬、座敷犬」という意味になります。

　ただし、4.3節で考察したように、どちらも複合語なので、第2形態素より第1形態素を強く発音します。

(9)　a.　dóg hòuse

　　　b.　hóuse dòg

　したがって、複合語(8a, b)の意味の違いを発音で区別することはできません。そのため、右側主要部の規則が重要になります。

5.4　接尾辞と単語の歴史

　現代英語では、語尾が-lyで終わる単語は副詞が多いのですが、friendlyは形容詞なのに語尾が-lyです。しかも、辞書によっては、friendlyの副詞用法も載せています[14]。それはなぜでしょうか。また、slowlyは副詞ですが、辞書には-lyの無い形容詞slowだけでなく副詞slowも載っています。それはなぜでしょうか。本節では、これらの疑問に答えるために、接尾辞-lyの歴史を概観します。

14　例えば、『オーレックス』(p.766)があります。

　古くは、古英語（449－1100）においても接尾辞を付加する派生によって新しい語を作ることがありました。例えば、古英語にも(1)と(2)のような、選択制限に従って異なる品詞の語を派生することがありました。

(1)　名詞に接尾辞-līċを付加して形容詞を派生する（規則1）[15]。
(2)　形容詞に-eを付加して副詞を派生する（規則2）。

　例えば、語形成の規則1により名詞frēond（friendの古い語形）[16]に-līċを付加して派生したのが形容詞frēondlīċです。その後、語尾のċが弱化して、現代英語の形容詞friendlyとなりました。この変化を(3)にまとめました。

(3)　名詞 frēond + līċ → 形容詞 frēondlīċ → 弱化 → 形容詞 frēondli →
　　現代英語の形容詞friendly（親しみのこもった）

　規則1はその後廃れてしまい、現代英語にはありません。そのため語尾が-lyの形容詞は数が限られています。主なものを(4)に挙げました。

(4)　costly（高価な）　　lonely（孤独な）　　orderly（規則正しい）
　　daily（毎日の）　　　lovely（愛らしい）　　timely（好時期の）
　　early（早い）　　　　manly（男らしい）　　weekly（毎週の）
　　kindly（親切な）　　melancholy（憂鬱な）　womanly（女らしい）
　　lively（元気のいい）　monthly（毎月の）　　yearly（例年の）
　　likely（ありそうな）　motherly（母のような）

　さて、古英語では、形容詞frēondlīċに規則2を適用し、frēondlīċに-eを付加して副詞frēondlīċeを派生することもありました。しかし、語末の弱化のために、eとċが続けて弱化して消失しました。そのため副詞と

15　īは長母音/i:/を、ċは/ʧ/を表します。
16　ē長母音/e:/を表します。

いう品詞を維持したまま、frēondlīċeはfrēondliとなりました。現代英語の副詞friendlyはこれに由来します。この変化を(5)にまとめました。

(5) 形容詞 frēondlīċ + -e → 副詞 frēondlīċe → 弱化 → 副詞 frēondli →
現代英語の副詞friendly（親しく）

さて、frēondlīċeのような副詞を派生するのに、-līċと-eを合わせて-līċeを使いました。そのため、古英語後期には、「-līċeは副詞を派生する接尾辞」と認識されるようになりました（規則3）。結果的に、副詞を派生する2つの規則（2と3）が共存したのです。

しかし、次第に接尾辞-eを使う規則2は衰退し、やがて消滅します。規則3は、語末のċeの弱化と消失のために、近代英語では「-liは副詞を派生する接尾辞」と変化しました。これが現代英語の、「形容詞に-lyを付加して副詞を派生する」になりました。

なお、興味深いことに、形容詞friendlyの比較級、最上級は、それぞれfriendlier、friendliestが可能ですが、副詞friendlyの比較級、最上級は、それぞれmore friendly、most friendlyしかありません（高橋（2009: 171））。

次に、副詞slowlyとslowの歴史を見てみましょう。

古英語には形容詞slāw（slowの古い語形）[17]がありました。規則1によって、これに-eを付加して誕生したのが、副詞slāweです。ところが、語尾の弱化のために-eが消失してしまい、（品詞は副詞のままで）元の形容詞の綴りslāwに戻ってしまいました。これが、現代英語の副詞slowとなりました。この変化を(6)にまとめました。

(6) 形容詞 slāw + e → 副詞 slāwe → 弱化 → 副詞 slāw → 現代英語の副
詞slow

中英語では、既に-līċeも副詞を派生する接尾辞でしたので、これを

---

17 ā長母音/a:/を表します。

slāwに付加したのがslāwlīċeです。しかし、これも語尾の弱化のために、（品詞は副詞のままで）slāwliになりました。現代英語の副詞slowlyはこれに由来します。この変化を(7)にまとめました。

(7)　形容詞 slāw + līċe → 副詞 slāwlīċe → 弱化 → 副詞 slawli → 現代英語の副詞slowly

　slowとslowlyと同じような例を(8)に挙げました。各組の左側の語は形容詞と副詞の用法があり、右側の語は副詞の用法だけです[18]。

(8)　clean – cleanly　　free – freely　　tight – tightly
　　　deep – deeply　　great – greatly　wide – widely
　　　direct – directly　quick – quickly
　　　fine – finely　　　sure – surely

　一般に、形容詞が副詞として用いられるときは、意味や用法が限定されるので注意が必要です。例えば、『ジーニアス』（p.1966）には、形容詞slowの意味として6項目がありますが、副詞slowには2項目しかありません。また、特定の動詞（go, drive, move, readなど）の後ろに置かれ、比較級・最上級の形で用いられることが多いとの注意書きがあります。これらの副詞を使う場合は、面倒でも辞書で確認しましょう。
　上述した歴史背景から、現代英語に接尾辞が-lyの形容詞と副詞（例えば、friendly）がある理由と、接尾辞が-lyの副詞と、これを欠いた副詞（例えば、slowlyやslow）がある理由が明らかとなりました。
　また、古英語でも語形成（派生語）において、選択制限が機能してい

18　1997年（平成9年）のアップル・コンピュータ社の広告で有名になったThink different.というスローガンでは、形容詞であるはずのdifferentが副詞のように使われており、多くの注目を浴びました。辞書には専ら形容詞の用法のdifferentが載っています（例えば、『オーレックス』（pp.511-512））が、副詞的に使われる場合もあるとの記述もあります（例えば、『ウィズダム』（p.547））。また、鈴木（2014, 2016）のように、英語学の立場からの論考もあります。

たことも実に興味深い事実です。古い言語だからと言って、言語の仕組みが未熟だとか、現代の言語より劣っているということは決してありません。この点に注意してください。

第6章　発音の種類と仕組み

6.1　発音を学ぶこと

　英語の母語話者にも、そうでない人にも「きちんと伝わるように発音できること」は極めて重要です。そのために発音の仕組みを理解することが必要になります。また、発音できる音は、聞き分けもできるようになるという門田（2014: 61-74）の指摘があります。リスニング力を高めるためにも、発音の仕組みを知ることは大切なのです。

　本章では、発音を研究する**音声学**（phonetics）と**音韻論**（phonology）の基礎を説明します。発音の仕組みを学ぶことで、実際の口の動きや息の出し方を意識するようになり、その結果、発音を良くする工夫がしやすくなります。

　また、英語の発音に関する疑問を解き明かすためにも、発音の基礎知識は役に立ちます。例えば、なぜwaterは「ワラ」のように聞こえたり、not at allは「ナタ・トール」のように聞こえたりするのでしょうか[1]。

6.2　音声学と音韻論

　発音を研究する学問分野には音声学と音韻論の2つがあります。音声学は実際に発音される音についての研究ですが、音韻論は頭の中（心の中）の発音についての研究です。その違いを明らかにする前に、具体例を用いて発音の成り立ちについて確認しましょう。

1　第6章と第7章はアメリカ英語の発音を基礎として説明します。例えば、イギリス英語では、waterは「ウォータ」のように聞こえます。

6.2.1　口から出る発音

英語であれ日本語であれ、基本的に発音は**母音**（ぼいん; vowel）と**子音**（しいん; consonant）の2種類から成ります。

母音は喉の奥にある**声帯**（vocal cord）を震わせて発生し、息が障害もなく口から外へ出る時に発生する発音です。手を喉に当てて発音すると声帯の振動を感じることができます。また、長く延ばして発音することもできます。

ただ、異なる母音を作るために、口の中での発音する位置や口の形などを変化させます。

子音は、母音ほど長く延ばすことはできません。例えば、「タ」をローマ字で表すと、taになりますが、tは子音をaは母音を表します。「タ」を長く発音してみると、子音tは延ばせませんが、母音aは延ばせるという違いがわかるでしょう。

声帯を震わせて発する音は**有声音**（voiced sound）です。母音は声帯を震わせて発音するので、全ての母音が有声音です。これに対して、声帯を震わせずに発する音が**無声音**（voiceless sound）です。

子音は、（日本語の濁音の）「ダ」（da）のdように、声帯を震わせて発音する有声音もあれば、（日本語の清音の）「タ」（ta）のtのように声帯を震わせない無声音もあります。有声音の子音は**有声子音**（voiced consonant）、声帯を震わせない子音は**無声子音**（voiceless consonant）と呼ばれます。

以上説明した母音と2種類の子音は次のようにまとめることができます。

(1)
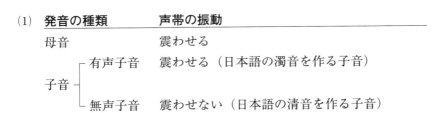

発音の種類		声帯の振動
母音		震わせる
子音 ┬	有声子音	震わせる（日本語の濁音を作る子音）
└	無声子音	震わせない（日本語の清音を作る子音）

　さて、準備ができたところで、音声学と音韻論の違いについて考えて
いきましょう。ここでは、子音を表す文字pの発音を例として考えます。
英単語の中で、pが現れる位置として(2)から(4)の３つの可能性があり、
それぞれに応じて発音に若干の違いがあります。実際にどのような違い
があるのか明らかにするのが音声学の仕事です。

(2)　語頭：pea（エンドウ豆）、pen（ペン）、pop（ポンと鳴る）

(3)　sの直後：speak（話す）、spend（費やす）、spoon（スプーン）

(4)　(2)と(3)以外の位置

　　a.　単語の中：adapt（適用させる）、apart（離れて）、capital（首都）

　　b.　語末：cap（帽子）、ship（船）、stop（止まる）

　(2)のようにpが語頭にあるとき、pは勢いよく発音されます。口の前
に手を置いて、pea – pen – popと発音すると、両唇が開いて蓄えられて
いた息が飛び出し、手に当たります。このように、蓄えた息を出す子音
は**破裂音**（plosive）（または、**閉鎖音**（stop））と呼ばれます。さらに、
息を吐き出した直後に、息の流れが明確に感じられる子音は**有気音**（as-
pirated）（または、**帯気音**）と呼ばれます。

　つまり、語頭のpは破裂音であり、かつ、有気音です。これを表す発
音記号は[pʰ]です。実際に発音された音は**単音**（phone）と呼ばれ、角
括弧で囲みます。

　ところが、(3)のようにsの直後にpがあると息の出方が弱くなります。
蓄えた息を出す破裂音の特性はありますが、有気音の特性が無いのです。
このようなpの発音を表す発音記号は[p]です。

　最後に、(4)のように単語の中や語末にpがあると、息の出方がさらに
弱くなります。語頭のpにあった有気音の特性も、破裂音の特性もあり
ません。この発音を表す発音記号は[p ̚]です。３つのpの発音は(5)のよ
うにまとめられます。

(5)　pの位置　　　　　　　有気音　破裂音　単音

　　語頭　　　　　　　　　有り　　有り　　[pʰ]

　　sの直後　　　　　　　無し　　有り　　[p]

　　上記以外の位置　　　　無し　　無し　　[p⁻]

　このように、発音の実態を突き詰めるのが音声学の仕事です[2]。音声学には次の3つの下位分野があります。本章は調音音声学を中心に説明します。

(6)　a.　**調音音声学**（articulatory phonetics）：発音を作る過程を研究する。

　　b.　**音響音声学**（acoustic phonetics）：発音された音が振動となって伝わる過程を研究する。

　　c.　**聴覚音声学**（auditory phonetics）：聞き手の耳に到達した発音が理解される過程を研究する。

　それでは、私たちは[pʰ]や[p]や[p⁻]を頭の中（つまり、心の中）でどう捉えているのでしょうか。ここで**音韻論**の登場です。

6.2.2　頭の中の発音

　既に考察したように、popの最初のpは[pʰ]ですが、最後のpは[p⁻]です。[pʰ]と[p⁻]は同じ発音に思えても、違いがあります。また、(2)から(4)に挙げた単語を発音するとき、いちいちpの位置を意識しながら発音することはありません。頭の中では、ただ単に「pがある単語を発音してい

2　音声学をイギリスで広く知らしめたのは、ジョージ・バーナード・ショー（George Bernard Shaw）の戯曲『ピグマリオン』（*Pygmalion*）の上演でした（ロンドンでは1914年に初演）。後にミュージカルや映画の『マイ・フェア・レディ』（*My Fair Lady*）として日本でも有名になりました。登場人物の音声学者ヘンリー・ヒギンズ（Henry Higgins）教授は、第1章1.4.4節で触れたヘンリー・スウィート（Henry Sweet）がモデルだと長らく思われてきましたが、今井（1991）は、実はダニエル・ジョーンズ（Daniel Jones）であるというビヴァリー・コリンズ（Beverley Collins, 1938–2014）の説を紹介しています。

る」と思っているのです。

　これらのことから、発音には、実際に口から出る発音と、頭の中にある発音の 2 種類があることがわかります。前者が音声学の研究対象で、後者が音韻論の研究対象です。

　音韻論では、頭の中にある p の発音を斜線で囲んで/p/と表します。この発音は口から出る単音の元になるので、**音素**（phoneme）と呼ばれます。

　音素は頭の中で捉えている発音ですが、発音されるときに具体的な発音が決まります。音素/p/を例にすれば、単語の語頭なら/p/は[pʰ]と発音され、s の直後なら[p]になり、これ以外の位置なら[p⁻]となります。人の言語能力は優れていて、発音するとき、3 種類の発音の区別を無意識に（つまり、自動的に）行います。また、3 種類の発音を聞くとき、実際には違いはあっても、頭の中では同じ p の発音（つまり、音素/p/）だと感じるのです。

　私たちが直感的に「発音が違う」と感じるのは、この音素が異なる時です。例えば、pop と似た綴り字の単語 bop の語頭の発音を比べてみましょう。語頭の b の発音も破裂音で、かつ、有気音です[3]。この点で pop の語頭の p と同じです。しかし、b の音素は/b/です。これは/p/と異なるので、「bop と pop の語頭の発音は違う」と認識されるのです[4]。

　なお、ある音素が複数の異なる単音として発音されるとき、それらの単音は**異音**（allophone）と呼ばれます。

(6)　**音素**　　　　　**単音**

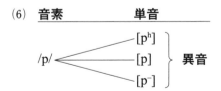

3　つまり、音声学的には語頭の b は[bʰ]です。
4　6.4 節で考察するように、/p/と/b/は無声音か有声音かという 1 点だけで異なります。このような場合、「pop と bop は**最小対**（minimal pair）を成す」と言います。

　(2)から(4)のpの発音の事例からわかるように、異音は必ず異なる位置に発生します。同じ位置に複数の異音が発生することはありません。このような発生と位置の関係は**相補分布**（complementary distribution）と呼ばれます。これは、「発生する位置全てを相互に補っている」という意味です。一般に、異音が相補分布となっているとき、その元となる（共通の）音素があります[5]。

　音声学と音韻論の違いをまとめると、音声学は単音と異音に関する研究分野であり、音韻論は音素に関する研究分野です。

6.2.3　辞書の発音記号

　ここで英和辞典をご覧ください。それぞれの英単語の発音は、**発音記号**（phonetic symbol）で示してあります。ただ、その記号は斜線で囲んであります。つまり、発音は音素で示してあります。

　また、見出し語の綴り字を注意して見てください。例えば、examination（試験）をよく見ると、ex-am-i-na-tionのように、文字の間に区切りを示す印が入っているのがわかります。これは**音節**（syllable）の区切り目を表します。音節とは母音1つを中心とした発音のまとまりです。ex-am-i-na-tionは5つの音節から成っています。音節には役割があります。

　例えば、第4章の4.2節で考察した略語（短縮語）を作るときに重要な役割を果たします。ex-am-i-na-tionの後半の3つの音節i-na-tionを省いて作られたのが、略語examです。

　また、英文を書いているとき、右端のスペースが足らなくてexamination を収めきれないとき、音節を目印としてexaminationを分けることが可能です。例えば、examina-まで書いて、次の行の初めにtionと書けます[6]。単語を分割するときの区切り目の基準が音節です。音節を無視して、examinとationに分けることはできません。

5　この考えは、統語論にも応用できるとCarnie（2002: 189-210）は論じています。
6　この場合、examina-にはハイフンを付けますが、tionにはハイフンは不要です。

6.3 母音の発音

6.3.1 母音の種類

　日本語の平仮名では、「あ、い、う、え、お」の文字が母音を表します。したがって、日本語には母音が5つしかありません。英語でも基本的にA(a), E(e), I(i), O(o), U(u)の5つの文字が母音を表しますが、実際には英語の母音は日本語の数倍になります。

　英語の母音を分類すると、4種類になります。まず、**短母音**（short vowel）と**長母音**（long vowel）があり、さらに**半母音**（semivowel）や**二重母音**（diphthong）があります。どこまで細かく発音を区別するかという点に応じて母音の数は変わります[7]。また、研究者によっては、発音記号に違いがありますので注意が必要です[8]。

(1)　a.　短母音　　　/æ/, /e/, /i/, /ɑ/, /ʌ/, /u/

　　　b.　長母音　　　/i:/, /ɔ:/, /u:/

　　　c.　二重母音　　/ei/, /ai/, /ou/, /ɔi/, /au/

　　　d.　半母音　　　/j/, /w/

　(1)は日本の英語教育で採用されている発音記号ですが、これはイギリスの音声学者**ダニエル・ジョーンズ**（Daniel Jones）の基本母音（cardinal vowels）の分析を基礎としています[9]。しかし、これと少し異なるものが、**国際音声記号**（International Phonetic Alphabet（IPA））では採用されています。その対応を(2)にまとめました[10]。

7　本節では、母音の音素を表すために、角括弧でなく斜線を用いています。

8　例えば、インターネットで**母音図**（vowel diagram）を調べると、細部で異なっていることが分かります。五十嵐（2004）の考察も参考にして下さい。

9　ジョーンズについては、第1章1.4.6節でも触れました。The Cardinal Vowels with Daniel JonesというYoutubeサイトでは、ジョーンズ自身による発音が視聴できます。IPAについてもYoutubeに多くのサイトがあります。

10　IPAは、世界の言語の発音を記述するために、国際音声学協会（International Phonetic Association）が定めています。

(2)	(1)の発音記号	国際音声記号	英単語の例
短母音	/æ/	/æ/	b<u>a</u>t
	/e/	/ɛ/	b<u>e</u>t
	/i/	/ɪ/	b<u>i</u>t
	/ɑ/	/ɑ/	b<u>o</u>t
	/ʌ/	/ʌ/	b<u>u</u>t
	/u/	/ʊ/	b<u>oo</u>k
長母音	/iː/	/i/	b<u>ee</u>t
	/ɔː/	/ɔ/	b<u>ough</u>t
	/uː/	/u/	b<u>oo</u>t
二重母音	/ei/	/e/	b<u>ai</u>t
	/ai/	/aɪ/	b<u>i</u>te
	/ou/	/o/	b<u>oa</u>t
	/ɔi/	/ɔɪ/	b<u>o</u>y
	/au/	/aʊ/	b<u>ou</u>t

6.3.2 母音図

母音の発音を解説した文献で頻繁に目にするのが、台形を逆さにした、「口の中での母音が発生する位置」を示した**母音図**（vowel diagram）です。国際音声記号を基にした母音図(3)を見て下さい[11]。

---

11 (3)は、グレチャン・マカラク（Gretchen McCulloch）氏のサイトAll Things Linguistics（URLは巻末に掲載）の記事How to remember the IPA vowel chartを参考にして作成しました。

(3)

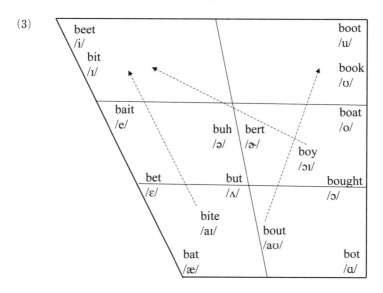

　　図の左側は、口の中の（唇や歯に近い）前の位置、右側は喉に近い奥の位置です。図の上は口の中の上の位置に対応しますが、上になるほど口の開き方は狭くなります。また、図の下は口の中の下の位置ですが、下になるほど口の開き方は広くなります。

　　(3)では、b＿tという綴りの枠の下線部＿＿にいろんな母音字が入り、それぞれの母音が理解できるようになっています。また、点線の矢印は二重母音での動きを表します。

　　次の２点に注意して下さい。まず、(3)の中央にある**あいまい母音**（schwa）の/ə/です。これは(1)の短母音が弱化したときの発音で、英語の母音で最もよく使われます。英語の母語話者が、次に何を言おうか迷う時やためらう時に使うUh...（/ə:/）（え〜っと）にある、なんとも頼りない音です。口の筋肉を緩めて発生するため、この弱い母音になります。また、erの綴り字に対応する/ər/の発音記号が、(3)では/ə/と重ねられています。

6.3.3　発音の仕方

(1)の母音がどのように作られるか、確認してみましょう。まず、(1a)の短母音です。

(4)

短母音	例	短母音	例
/æ/	ask, bat, cat	/ɑ/	bot, not, hot
/e/	bet, pen, lesson	/ʌ/	bus, but, much
/i/	bit, hit, dish	/u/	book, good

　発音するときは、(5)から(10)にまとめたように、口の開き方、唇の形、筋肉の緊張も重要です。例えば、日本語で「ウ」と発音して、口の開き方と唇の形を固定します。そのまま「アイウエオ」と発音しても、きちんと発音できません。英語の母音の発音も同じです。

(5)　/æ/の発音の仕方：「ア」の口で、唇を左右に引いて、あごを下げながら、喉の奥を緊張させて「エ」と発音する。

(6)　/e/の発音の仕方：「エ」より少し大きく口を開けて、はっきり発音する。

(7)　/i/の発音の仕方：「エ」より舌を上げ、口をリラックスして、「イ」と短く発音する。口は小指がやっと入るくらいしか開けない。

(8)　/ɑ/の発音の仕方：アメリカ英語の母音。喉の奥を医者に見せるように口を大きく開けて、「ア」と発音する。この口の形で、唇を丸めて「オ」と短く発音すると、イギリス英語の/ɔ/になる。

(9)　/ʌ/の発音の仕方：驚いたときの「アッ」に似た音。親指が通る程度に口を開いて、唇を少し丸めて発音する。

(10)　/u/の発音の仕方：日本語の「オ」の舌の位置だが、唇は「ウ」よりもさらに丸くすぼめ、リラックスして発音する。

　(11)には、(1b)の長母音を含む例を挙げました。特に、/iː/は、唇を左右に引いて緊張して（「ハイ、チーズ！」と言うときの口の形のイメー

ジで）発音するので、短母音/i/と異なる音質になります[12]。

(11)　長母音　　　例
　　　　/i:/　　　　　beet, eat, meet, please, see
　　　　/ɔ:/　　　　　August, Australia, bought, draw, saw
　　　　/u:/　　　　　afternoon, boot, school

　（1c）の二重母音は5つありますが、共通した注意が必要です。母音
が連続していても1個の母音だからです。例えば、二重母音の/ei/は短
母音/e/と/i/の2個と同じではありません。例えば、英単語gameでの母
音は、/e/と/i/の2個ではなくて、/ei/の1個しかないのです[13]。二重母音
を含む例を(12)に挙げました。

(12)　二重母音　　　例　　　　　　　　　　　二重母音　　　例
　　　　/ei/　　　　day, game, name, play　　　/ɔi/　　　boy, join, toy
　　　　/ai/　　　　bike, fine, high, nice　　　/au/　　　about, house
　　　　/ou/　　　　boat, home, show, those

　最後に、（1d）の半母音です。半母音は、文字は子音のようですが、
/w/は/u/に、/j/は/i/に近い音であることから半母音と呼ばれます。半母
音を含む例を(11)に挙げました。また、(12)や(13)のように、半母音にも発音
のコツがあります。

(11)　半母音　　　例
　　　　/j/　　　　　use, year, yes, you
　　　　/w/　　　　　water, way, will

12　/i/と/i:/は、単なる「長い・短い」という違いではないために、IPAでは異なる発音
　　記号が採用されています。
13　このような誤解を避けるために、6.3.1節の(2)のように、IPAでは、例えば二重母音
　　記号/ei/を単一記号/e/で表します。

⑿　/j/の発音の仕方：/i/のときよりも舌を高く上げ、舌の両端に力を入れて発音する。

⒀　/w/の発音の仕方：ロウソクの火を消すときの唇の形で、突き出すように「ウ」と発音する。

6.4　子音の発音

　子音は、肺から送られた息が口や鼻を通るときに、唇、舌、歯、口蓋（こうがい）、声門などの調音器官で妨げられて発生する音です。英語には26の子音があります。

　子音は、基本的な性質の組み合わせによって分類されます。この分析法は**成分分析**（componential analysis）と呼ばれます。具体的には、**調音法**（呼気の出し方）と**調音点**（発音が作られる場所）の2つの組み合わせで、個々の子音の特徴を表し、他の子音と区別されます。

6.4.1　子音の調音法

　6種類の調音法と、それぞれが関連する子音を以下にまとめました。なお、⑴から⑶の例では、左側の無声子音と右側の有声子音が対応しています。

⑴　**破裂音**（はれつおん；plosive）：/p/, /b/, /t/, /d/, /k/, /g/

　　　これは**閉鎖音**（へいさおん；stop）とも呼ばれます。口を閉鎖して、中に貯めた息を一気に発する音です。破裂するように出されることから、破裂音または閉鎖音と呼ばれます。

　　例　無声子音　　　　　　　　　有声子音

　　　　/p/: park, open, shop　　　/b/: book, begin, table

　　　　/t/: tennis, town, meeting　/d/: day, door, today

　　　　/k/: key, kind, lake　　　　/g/: game, good, guide, grass, bag

⑵　**摩擦音**（まさつおん；fricative）：/f/, /v/, / θ /, /ð/, /s/, /z/, /ʃ/, /ʒ/, /h/

　　口の中に息を完全に閉じ込めず、少し隙間を作って、そこを通して摩擦を引き起こして音が出されます。そのため<u>摩擦</u>音と呼ばれます。

例　無声子音　　　　　　　　　　　有声子音

　/f/: <u>f</u>ine, <u>f</u>inish, be<u>f</u>ore　　　　　　/v/: <u>v</u>isit, <u>v</u>acation, mo<u>v</u>ie

　/θ/: <u>th</u>ank, <u>th</u>ink, ear<u>th</u>, ma<u>th</u>　　/ð/: <u>th</u>is, <u>th</u>ey, <u>th</u>ose, <u>th</u>an

　/s/: <u>s</u>chool, ma<u>s</u>ter, hou<u>s</u>e　　　/z/: <u>z</u>ero, ja<u>zz</u>, si<u>z</u>e

　/ʃ/: <u>sh</u>e, di<u>sh</u>, wa<u>sh</u>, <u>sh</u>ape　　/ʒ/: vi<u>s</u>ion, lei<u>s</u>ure, plea<u>s</u>ure

　/h/: <u>h</u>and, <u>h</u>elp, <u>h</u>ot　　　　　　なし

(3)　**破擦音**（はさつおん；affricate）：/ts/, /dz/, /ʧ/, /ʤ/

　　これは破裂音と摩擦音が一気に連続して発生する音です。発音記号が「破裂音→摩擦音」の順となっています。それぞれの名称を 1 字ずつ取って破擦音と呼ばれます。発音記号は 2 つから成りますが、1 個の子音です。

例　無声子音　　　　　　　　　　　有声子音

　/ts/: ca<u>ts</u>, ea<u>ts</u>, tha<u>t's</u>　　　　/dz/: be<u>ds</u>, car<u>ds</u>, rea<u>ds</u>

　/ʧ/: ca<u>tch</u>, wa<u>tch</u>, ki<u>tch</u>en　　/ʤ/: <u>d</u>anger, en<u>g</u>ine, <u>g</u>ym, ener<u>gy</u>

(4)　**鼻音**（びおん；nasal）：/m/, /n/, /ŋ/

　　肺から出る息を口から出ないようにして、鼻（の中の空洞で鼻腔（びくう）と呼ばれる部位）へ流して作る音です。鼻を使って発する音なので鼻音と呼ばれます。

例　/m/: <u>m</u>any, <u>m</u>ake, wo<u>m</u>an

　　/n/: <u>n</u>ear, <u>n</u>ight, mor<u>n</u>ing

　　/ŋ/: bri<u>ng</u>, lo<u>ng</u>, mor<u>n</u>ing, so<u>ng</u>

(5)　**流音**（りゅうおん：liquid）：/l/, /r/

　　日本語のラ行の音に聞こえますが、/l/と/r/では発音の仕方が異なります。/l/では、肺から出る息が舌の両側を通ります。そのため/l/は**側音**（lateral）とも呼ばれます。/r/は、舌を奥に引きながら息を前に出します。また、/l/と/r/では発音するときの唇の形が違います。/l/は唇を横に広げる感じになります。一方、/r/は、唇を丸くして発

音します。ただし、両者とも有声子音です。

　例　　/l/: like, left, flower

　　　　/r/: rain, respect, street

(6)　**わたり音**（glide）：/w/, /j/

　　発音が直後の母音へ途切れなく流れるように移動する子音です。発音が子音から母音へと渡るように感じられることから、わたり音と呼ばれます。子音ですが、/w/は母音/u/に、/j/は母音/i/に近い音なので、半母音に分類されることもあります。

　例　　/w/: want, winter, always

　　　　/j/: yes, year, young

6.4.2　子音の調音点

　調音点は8種類あります。調音点に着目して、(1)から(6)の子音を分類してみましょう。

(7)　**両唇音**（りょうしんおん；bilabial）：/p/, /b/, /m/, /w/

　　上下の唇が「両唇」です。これを開ける・閉じるという動きで発生させる子音です。

(8)　**唇歯音**（しんしおん；labiodental）：/f/, /v/

　　上の歯に下の唇を触れさせたり、近づけたりして作る子音です。上の歯で下の唇を「ガブリと」嚙む必要はありません。

(9)　**歯間音**（しかんおん；interdental）：/θ/, /ð/

　　上下の歯の間に舌の先を触れさせて作る子音です。舌を突き出す必要はありません。

(10)　**歯茎音**（しけいおん；alveolar）：/t/, /d/, /s/, /z/, /ts/, /dz/, /n/, /l/, /r/

　　上の歯茎（はぐき）に舌の先を触れさせて作る子音です。/r/の場合は、触れることはなく、近づける動きをするだけです。

(11)　**硬口蓋歯茎音**（こうこうがいしけいおん；alveolopalatal）：/ʒ/, /ʃ/, /dʒ/, /ʧ/

　　上の歯茎の後部に舌の先を近づけたり、密着させたりすることで

作る子音です。

⑿ **硬口蓋音**（こうこうがいおん；palatal）：/j/

  舌の前または中程を硬口蓋（上の歯茎から喉の奥にかけて硬い部分）に触れさせたり、近づけたりして作る子音です。

⒀ **軟口蓋音**（なんこうがいおん；velar）：/k/, /g/, /ŋ/

  喉の奥の上の部分は柔らかく感じます。葡萄の皮が引っかかりやすいところです。そこが軟口蓋（なんこうがい）です。そこに舌の付け根あたりを触れさせて作る子音です。

⒁ **声門音**（せいもんおん；glottal）：/h/

  声帯がある声門を用いて、喉の奥で発生させる子音です。

6.4.3　子音の成分分析

  6種類の調音法を横に並べて、8種類の調音点を縦に並べると、それぞれの子音の特徴が整理された成分分析表ができます。なお、（流音を除き）1つの升に発音記号が2つあるときは、左が無声子音、右が有声子音です。

⒂

	閉鎖音		摩擦音		破擦音		鼻音	流音		わたり音
両唇音	p	b					m			w
唇歯音			f	v						
歯間音			θ	ð						
歯茎音	t	d	s	z	ts	dz	n	r	l	
硬口蓋歯茎音			ʃ	ʒ	ʧ	ʤ				
硬口蓋音										j
軟口蓋音	k	g					ŋ			
声門音			h							

第7章　発音の変化

7.1　強勢アクセント

　単語の中の特定の母音は、**強さ**（loudness）、**長さ**（length）、**声の高さ**（pitch）を使って目立つように発音されます。これが**アクセント**（accent）です。日本語では声の高さで目立たせるので、**高低アクセント**（pitch accent）が重要です。しかし、英語では母音を強さで目立たせるので、**強勢アクセント**（stress accent）が重要です。これは、単に**アクセント**や**強勢**（stress）と呼ばれることもあります。

　ただ、英単語の発音を考察するときは注意が必要です。英単語の多くは語末が母音字eなのに、takeやtimeのように、語末のeは発音しないからです[1]。文字に惑わされないように注意が必要です。

　強勢アクセントは記号を使って示されます。母音の発音記号の上に、右上から左下に下ろした点（´）が、強勢アクセントの記号です。次の3つの単語では下線部に母音があり、上にこの記号がある母音が強勢アクセントを伴って発音されます。

(1)　máster, páttern, pícture

　強勢アクセントは位置を間違えないことが重要です。例えば、第4章の4.5節でも触れた「名前動後」の代表例recordは、強勢アクセントの位置に応じて品詞が異なります。

---

[1]　第3章の3.6.1節を参照のこと。ただし、meやemployeeのように、語末のeが発音される単語もあります。

(2)　a.　récord（名詞）「記録」

　　　b.　recórd（動詞）「記録する」

　　さて、英語の母語話者は見知らぬ単語を初めて発音するとき、必ずある母音に強勢アクセントを置いて発音します。それはどの母音でしょうか。例えば、英単語にない日本語の人名（例えば、私の名前）は、次のように発音されます。

(3)　Minóru Fukúda

　　英語の母語話者は、無意識のうちに「後ろから2番目の母音」に強勢アクセントを置きます。これは**ラテン語アクセント規則**（Latin Accent Rule）と呼ばれる規則です[2]。

　　ここで、アクセントを英語の歴史から考察してみましょう。

　　もともと現代英語の出発点となるインド・ヨーロッパ祖語のアクセントの種類は高低アクセントでした。ところが、紀元前5000年から紀元前2000年に生じた子音の変化がきっかけとなり、インド・ヨーロッパ祖語は9つの語派へと分かれました。英語が属すゲルマン語派の誕生です。

　　ゲルマン語派では、アクセントの種類は強勢アクセントとなり、しかも、その位置は第1音節（つまり、語頭に一番近い母音）でした。5世紀半ばにブリテン島へ伝わったアングロ・サクソン語も基本的にこの特性を持っていました。そのため語末の母音は弱化しやすかったのです。

　　第2章で概観した通り、その後英語は様々な言語の単語や表現を取り入れることになります。その中でも、ラテン語やフランス語などのイタリック語派の影響は極めて強力でした。ゲルマン語派と異なり、これらの言語では単語の後ろの位置に強勢アクセントを置きます。そこで登場

2　説明の都合上、かなり単純化しています。(3)の例のように、3音節以上の語では、最後から数えて2番目の音節（つまり、2番目の母音）が長い場合に、そこにアクセントが置かれます。詳細は、河底（1985: 26-27）を参照のこと。なお、この規則は、ラテン語強勢規則（Latin Stress Rule）とも呼ばれます。

するのがラテン語アクセント規則です。

　結果として、現代英語には様々な強勢アクセントの位置があり、一貫性がないと感じられるようになったのです。事実、イギリスの音声学者ダニエル・ジョーンズは、「英語の語のアクセントを決める規則はない」と述べていました。

　しかしながら、1968年にアメリカの言語学者ノーム・チョムスキー（Noam Chomsky）とモリス・ハレ（Moris Halle）は共著『生成音韻論概説』（*The Sound Pattern of English*）で、ラテン語アクセント規則が現代英語に適用できる可能性を論じました。本章ではその議論を詳しく説明しませんが、単語の発音を構成する音節に着目して、強勢アクセントの位置はある程度予測可能ということが判明しました。『生成音韻論概説』は生成文法における音韻論研究の草分け的存在となりました。

　強勢アクセントに関して、学習者が注意しなければならないことが多数あります。例えば、⑷に挙げたように、アメリカ英語（米）とイギリス英語（英）では強勢アクセントの位置が異なる単語があります。

⑷　住所：áddress（米）・addréss（英）
　　大人：adúlt（米）・ádult（英）
　　ガレージ：garáge（米）・gárage（英）
　　マッサージ：masságe（米）・mássage（英）

　また、⑸のように、日本語のカタカナ英語（外来語）と元の英語で強勢アクセントの位置が異なる場合もあります。

⑸　オーガニック（orgánic）、ジャグジー（jacúzzi）、ツイッター（twítter）、デイリー（dáiry）、　パターン（páttern）、バニラ（vanílla）、レジャー（léisure）

7.2 弱化

　言語を情報伝達手段と見なすなら、伝えたいことが相手に理解しても
らえればそれで十分だとも言えます。単語の発音では、全ての母音と子
音をはっきり発音する必要はなく、強勢アクセントのある母音さえきち
んと発音すれば、（聞き手に伝わる範囲で）あとは「手を抜いても構わ
ない」でしょう。良く言えば、これは「省エネ発音」です。

　一般に、強勢アクセントが置かれない母音は、**弱化**（reductionまたは
weakening）によってあいまい母音/ə/になります。母音の弱化の例とし
て、冠詞、前置詞、接続詞、助動詞を見てみましょう。これらの単語は
機能語（function word）と呼ばれ、弱化しやすい性質があります。7.4
節で再び検討しますが、例を挙げておきます。

(1)

品詞	単語	強形	弱形（弱化した発音）
冠詞	an	/ǽn/	/ən/
前置詞	at	/ǽt/	/ət/
接続詞	and	/ǽnd/	/ənd/, /nd/
助動詞	can	/kǽn/	/kn/, /kən/

　子音の弱化では、調音法や調音点が変化することがあります。2つの
例を紹介しましょう。まず、アメリカ英語で「ワラ」に聞こえるwater
です[3]。辞書には、(2)の発音記号が記してあります。

(2) water /wɔ́:tər/

　waterは、強勢アクセントが置かれる音節（wa-）と、強勢アクセント
が置かれない音節（-ter）から成ります。第2音節が「ラ」に聞こえる

3　第6章の注1で述べたように、第7章でもアメリカ英語の発音を基礎として説明
　します。

のは弱化（つまり、省エネ発音）のためです。

　具体的には、まず、強勢アクセントがある第1音節（wa-）をきちん発音します。ところが、第2音節（-ter）では省エネで力を抜いてしまうために弱化が生じます[4]。本来は、歯茎音・破裂音である/t/を調音するために、舌先が上の歯茎に触れて、蓄えられていた息が飛び出します。

　しかし、筋肉を弛緩させたために呼気の出方が弱くなり、流音の/l/のような発音になるのです。筋肉の弛緩がさらに強いと、/t/を調音するために歯茎へ向かっていた舌先の動きが途中で止まって宙に浮きます。その結果、日本語の「ラ行」に似た音になることもあります。

　これが、waterが「ワラ」になる仕組みです。ただ、発音している人は、頭の中で/wɔ́:tər/と発音しているつもりでも、口から出るとき弱形になってしまうのです。人の言語能力が優れている点は、話し手がwaterを「ワラ」のように発音しても、聞き手はきちんとwater（水）と理解する点です。betterが「ベラ」、letterが「レラ」と聞こえるのも、同じような理由です。

　次の例は、「リロ」と聞こえるlittleです。辞書には、(3)の発音記号が記してあります。

(3)　little /lítl/

　ここで、/l/の発音が語頭と語末の2カ所にある点に注意してください。/l/は/t/と同じ歯茎音です。ですから、littleの発音は(4)の順となります。

(4)　　/ l　　　　í　　　　t　　　　l /
　　　歯茎音　　母音　　歯茎音　　歯茎音

　さて、語頭の/l/は舌先が上の歯茎にきちんと触れる発音で、歯が見え

4　第6章の6.4節で考察したように、子音/t/は歯茎音・破裂音です。これをはっきり発音することも可能です。一般に、初学者向けの発音練習では、省エネ発音はせず、きちんと発音する訓練をします。

る感じで口を横に開く、はっきりとした/l/の発音です。そのため、**明る
いL**（light L; clear L）と呼ばれます。明るいLの音素は/l/、単音は[l]で
す。

　ところが、/l/が語頭以外の位置にある場合は異なります。例えば、
coolやpullのような語尾や、helpやmilkのような語中にあるとき、舌先
はどこにも触れません。「オ」とも「ウ」ともつかない音になりますが、
「オ」や「ウ」のように唇を丸めることもありません。そのため、**暗い
L**（dark L）と呼ばれます。暗いLの音素は/l/、単音は[ɫ]です。つまり、
[l]と[ɫ]は/l/の異音です。

(5)

　これらのことを念頭に、littleの発音を検討してみましょう。まず、歯
茎に舌先を触れて、明るいエルと母音で発音が始まります。しかし、次
に子音が2つ連続します。歯茎音・破裂音の/t/と暗いLです。ところが、
「緩い発音」である暗いLの影響で（次に学ぶ同化が生じて）、その前の
/t/が弱化するのです。破裂音なのに、呼気が極端に弱くなります。その
結果、/t/が流音の/l/に近い音になり、/l/が連続した形となるのです。最
後は暗いLですので、littleの発音が「リロ」となります。battleが「バロ」、
bottleが「ボロ」になる理由も同じです。

　もちろん、学習者がlittleの発音練習をするとき、/t/をはっきり発音し
ます。しかし、明るいLと母音/i/さえはっきり発音すれば、その後は省
エネしても十分に伝わるのです。

7.3　同化

7.3.1　単語内での同化

　ある発音が隣接する別の発音の影響を受けて、その発音と同じ性質を持つようになる変化は**同化**（assimilation）と呼ばれます。いわゆる、発音の「朱に交われば赤くなる」現象です。

　例えば、日本語の「自転車」は、頭の中では「じてんしゃ」と発音しているつもりでも、「て」が「で」と濁音になって口から出てしまうことがあります。

⑴　a.　じてんしゃ（jitensha）
　　b.　じでんしゃ（jidensha）

　ローマ字表記からわかるように、頭の中の清音「て」の無声子音の音素/t/が、発音するときに有声子音[d]に変化しています[5]。

　この同化の例は次のように分析できます。無声子音が母音に挟まれることで、母音がもつ有声という性質が無声子音に乗り移って、有声子音に変化したのです[6]。jitenshaの下線部の発音に着目すると、⑵のようになります。

⑵　i　　t　　e　　→　i　　d　　e
　　有声　無声　有声　　　有声　有声　有声

　同化は英単語でも生じます。例えば、cityを頭の中で/siti/と発音しているつもりでも、口から出るときに、/t/が有声化して、有声子音[d]で発音されることがあります。

5　第6章で説明したように、心の中の発音が音素で、これは斜線を使って表します。これに対して、実際に発音される単音は角括弧を用いて表します。
6　本節では子音の性質を考察するので、6.4節の⑮を参考にして下さい。

7.3.2　進行同化

　同化によって、動詞に付加する過去時制を表す屈折形態素-edの発音の種類を説明することが可能となります。例えば、(3)から(5)に示したように、-edには/id/, /t/, /d/の3種類の発音があります[7]。

(3)　-edが/id/の例：decid<u>ed</u>, end<u>ed</u>, treat<u>ed</u>, visit<u>ed</u>

(4)　-edが/t/の例：finish<u>ed</u>, kick<u>ed</u>, laugh<u>ed</u>, pass<u>ed</u>, stopp<u>ed</u>

(5)　-edが/d/の例：aim<u>ed</u>, call<u>ed</u>, charg<u>ed</u>, prov<u>ed</u>, rubb<u>ed</u>, turn<u>ed</u>, us<u>ed</u>

　準備段階として、-edの直前の発音に注目しながら(3)から(5)の例を考察して、規則性を（帰納的に）導いてみましょう。

　まず、(3)からは、(6)のようなことがわかります。

(6)　-edの直前が/t/と/d/であれば、-edは/id/になる。

　次に、(4)と(5)から(7)と(8)のようなことがわかります。

(7)　(6)の場合を除くと、直前の発音が無声子音のとき、-edは/t/になる。

(8)　(6)の場合を除くと、直前の発音が有声子音のとき、-edは/d/になる。

　上記の考察から、-edの3つの発音は必ず異なる位置で発生するので、相補分布になっていることがわかります。つまり、もともと3つには共通する発音があるのです。それを/d/であると仮定します。この仮定を基に、-edの発音の規則性を、(9)の形式を持つ**音韻規則**（phonological rule）として表してみましょう。

(9)　A → B : X ＿ Y

7　/id/は/əd/と表記する場合もあります。屈折形態素-edに強勢アクセントが置かれることはないので、母音の弱化が生じるからです。

　これは、「XとYに囲まれた場合に、AはBに変化する」を表します[8]。コロンの左側が変化を、右側は変化が生じる文脈（context）を表します。この変化の適用可能性は文脈に左右されるので、**文脈依存規則**（context-sensitive rule）と呼ばれます[9]。

　ここで、(6)の考察から音韻規則を導いてみましょう。まず、基本的に-edの発音は/d/です。/t/や/d/で終わる単語に-edを付加すると、/d/は/id/に変化します。（有声・無声に関係なく）/t/と/d/は破裂音・歯茎音です。これを(10)の音韻規則として表すことができます。最後のシャープ記号#は語末を表します。

(10)　/d/ → /id/ : 破裂音・歯茎音___#

　(10)は、「破裂音・歯茎音（つまり、/t/や/d/）と語末の間に、/d/（つまり、-ed）が生じると、/d/は/id/に変化する」という意味です。

　また、母音/i/が突然現れる理由は、次のように説明されます。もともと-edの発音は、破裂音・歯茎音の/d/です。これを/t/や/d/で終わる単語に付加すると、語末で同じ種類の発音が連続することになります。このままでは発音しにくいので、この問題を避けるために、その間に母音/i/を挿入するのです。

　次に(7)の考察から規則を導きましょう。-edを付加する単語の最後の発音が無声子音か否かがポイントです。これから、(11)の音韻規則が得られます。

(11)　/d/ → /t/ : 無声子音___#

　(11)は、「無声子音と語末の間に/d/（つまり、-ed）が生じると、/d/は/t/に変化する」ことを意味します。これは同化です。直前にある無声子音

8　(9)ではコロン（:）が使われていますが、斜線（/）が使われることもあります。
9　AをBに書き換えることから、(9)は**書き換え規則**（rewriting rule）とも呼ばれます。第10章の10.5節では、文脈が指定されてない規則を紹介します。

の「無声」という特性が有声子音/d/に影響して、/d/が無声子音/t/に変化するからです。この例のように、前にある発音が後の発音に影響を与えて同化が生じる場合は、**進行同化**（progressive assimilation）と呼ばれます。

　最後に(7)ですが、(10)と(11)の規則が適用したら、あとは/d/のままの発音です。これは規則として定式化する必要はありません。結果的に、過去時制を表す屈折形態素-edの発音は、(10)と(11)の2つの音韻規則だけで十分です。

　ここで中学生の頃の英語学習を思い出してください。最初は動詞の過去形の-edの音を意識しながら発音練習をしていたのですが、慣れてくると、意識しなくても自然に正しい-edの発音ができるようになったでしょう。しかも、未学習の動詞の過去形の-edも正しく発音できるようになったのではないでしょうか。

　それは無意識のうちに、頭の中に(10)と(11)の規則が整ったからなのです。声を張り上げて音読をしていたのは、発音の訓練だけではなく、英語の発音規則を体得するための訓練だったのです。

7.3.3　逆行同化

　同化の種類には、進行同化だけでなく**逆行同化**（regressive assimilation）もあります。例えば、(12)のように、後ろにある無声子音/t/や/k/が前の子音に影響を与えて、有声子音/v/や/d/に変化することがあります。

(12)	**例**	**元の発音**		**同化後の発音**	
a.	ha<u>ve</u> <u>to</u>	/v/	/t/	/f/	/t/
b.	o<u>f</u> <u>c</u>ourse	/v/	/k/	/f/	/k/

　注意して頂きたいのは、<u>used to</u>（～したものでした）の発音です。もともと動詞useの発音は/ju:z/で、有声子音/z/で終わっています。ですから、-edを付加した時のusedの発音は/ju:zd/で、語尾-edは有声子音の/d/

です[10]。ところが、usedに無声子音/t/で始まるtoが続くと、逆行同化が連続して2回生じます。

⒀　used /ju:zd/　to /tə/または/tu:/ → used /ju: z t/ to → used /ju:st/ to
①　②

　まず、toの無声子音/t/の影響で、usedの語尾の有声子音/d/が無声化して/t/に同化します。これが⒀の①です。さらに、同化した/t/がその直前の有声子音/z/に影響して、/z/が無声化して/s/に変化します。これが⒀の②です。

　結果的に、used toの後半で子音/t/が連続するので、7.5節で説明する**連結**（linking）も生じて、used toは/ju:stu:/または/ju:stə/と発音されます。

7. 4　機能語の弱化

　英単語を2分する方法として、品詞に着目して内容語（content word）と機能語（function word）に分類する方法があります。

⑴　内容語：名詞、動詞、形容詞、副詞など
⑵　機能語：冠詞、前置詞、接続詞、助動詞、代名詞など

　内容語と機能語には次の相違点があると指摘されています。

⑶　意味における違い：内容語は意味が豊かで、新しい意味が加わる可能性がある。機能語の意味は定まっており、新しい意味が加わる可能性はない。
⑷　語形態に関する違い：内容語に屈折形態素（複数の-s、過去時制の

10　この場合は特に規則は不要で、音素/d/のままの発音であることを既に考察しました。

-ed、比較級の-erなど）が付加することがある[11]。機能語に屈折形態素が付加することはない。

(5) 語形成に関する違い：内容語は新たな単語が作られて、数が増える可能性がある。機能語は新たな単語が作られて増える可能性はない。

(3)から(5)に挙げた違いに加えて、内容語と機能語には音声面における違いもあります。

(6) 音声に関する違い：相対的に内容語は機能語より強く発音されて、機能語は弱化しやすい。

このように文レベルにおいて内容語を強く発音することは、**文アクセント**（sentence accent）、または**文強勢**（sentence stress）とも呼ばれます。

(3)の意味に関する違いを考えると、内容語の方が機能語より情報量が豊かなので、強く発音されるのは当然です。一方、情報量が少ない機能語は手を抜いて発音しても構わないことになります。これも省エネ発音の一種です。

この強弱に関する違いは、2種類の丸点（●と・）を用いて(7b, 8b, 9b)のように表すことができます。なお、(7a, 8a, 9a)の斜体字が内容語です。

(7) a. She *likes traveling*. （彼女は旅行が好きです）

    b. She likes traveling.
       ・ ● ● ・・

(8) a. That *company went bankrupt*. （あの会社は倒産しました）

    b. That company went bankrupt.
       ・ ● ・・ ● ● ・

11　屈折形態素については第5章の5.1.3節で説明しました。

(9)　a.　Do you *ski*?（スキーしますか？）

　　b.　Do you ski?
　　　　・　・　●

　機能語の弱化した発音は英語辞書に掲載されており、(10)に代表例を挙げました[12]。はっきりと発音する強形と、弱化した弱形があります。弱化した母音はあいまい母音/ə/になる点が特徴です。聞き取りにくいので、リスニングの訓練では注意が必要です。

(10)

品詞	単語	強形	弱形
冠詞	a	/éi/	/ə/
	an	/ǽn/	/ən/
前置詞	at	/ǽt/	/ət/
	for	/fɔːr/	/fər/
	of	/ʌv/, /ɑːv/	/əv/, /v/
	to	/túː/	/tə/（子音の前）, /tu/（母音の前）
接続詞	and	/ǽnd/	/ənd/, /nd/
	but	/bʌt/	/bət/
	or	/ɔːr/	/ər/
	that	/ðǽt/	/ðət/（関係代名詞thatも同じ）
助動詞	can	/kǽn/	/kn/, /kən/
	do	/dúː/	/du/, /də/
	must	/mʌst/	/məst/
	should	/ʃúd/	/ʃəd/, /ʃd/, /ʃt/

7.5　連結と分離

　文レベルでは複数の単語が並びますので、隣り合う単語の発音が連な

12　『ジーニアス』を参考にしました。

ることがあります。これが**連結**です。単語を一々分けて発音しないので、連結も省エネ発音の一種です。特に、機能語は発音が弱化するだけでなく、隣接する他の語に付加するように連結すること、また、**分離**した後で連結することもあります。

　本節では、2種類の例を紹介します。最初は、独立した語の発音が1つに連結する場合（(1)から(7)の例）です。もう1つは、ある発音が分離した後に、分離した音がそれぞれ連結する場合（(8)から(10)の例）です。

発音が連結する場合

(1) When I（私が〜のとき）
　　/(h)wen/ /ai/ → /(h)wenai/

(2) If I（もし私が〜なら）
　　/if/ /ai/ → /ifai/

(3) What you（あなたが〜すること）
　　/(h)wʌt/ /ju/ → /(h)wʌʧu/

(4) on a ship（船上で）
　　/ɑn/ /ə/ /ʃip/ → /ɑnə/ /ʃip/

(5) look at（〜に目を向ける）
　　/luk/ /ət/ → /lukət/

　次の、(6)では、母音と子音の弱化と**脱落**（elision）も生じています。(6)では、歯茎音/n/と/t/が連続するために、後の/t/の弱化が進み、結果的に脱落します。これも省エネ発音です。そのため、want toはwanna（ワナ）のように発音されます。

(6) want to（〜したいと思う）
　　/wɑnt/ /tu:/ → /wɑnə/

　(7)では、/i/が弱化して脱落しています。また、鼻音・軟口蓋音の/ŋ/が、後ろの歯茎音/t/に同化して、鼻音・歯茎音の/n/に変化します。これは逆

行同化です。さらに、/t/の弱化と脱落も生じて、going toがgonna（ゴナ）のように発音されます。

(7)　going to（〜する予定である）

/gouiŋ / /tə/ → /gounə/

(8)から(10)では、中間の機能語の発音が分離し、それぞれが前後の発音に連結しています。結果的に単語1個分の発音が減るので、これも省エネ発音の一種です。

(8)　from an American（あるアメリカ人から）

/frəm/ /ən/ /əmérikən/ → /frəmə/ /nəmérikən/（anの発音の分離と連結）

(9)　one at a time（1つずつ）

/wʌn/ /ət/ /ə/ /taim/ → /wʌnə/ /tə/ /taim/（atの発音の分離と連結）

(10)　Not at all.（どういたしまして）

/nɑt/ /ət/ /ɔ:l/ → /nɑtə/ /tɔ:l/（atの発音の分離と連結）

(10)では、/ət/が/ə/と/t/に分離して、それぞれが前後の発音に連結しています。ですから、「ナト・アト・オール」でなく「ナタ・トール」になります。でも、それを聞く人は、ちゃんとNot at all.（どういたしまして）と理解するのです。人の言語能力は実に素晴らしいですね。

第8章　単語の意味

8.1　「意味」の意味

8.1.1　多義性

　意味は頭の中で捉える抽象的な概念です。ただ、できる限り具体的に考えるために、英単語walkを例にしてみましょう。

　この単語だけ見ても、「歩く」（動詞）なのか、「散歩」（名詞）なのかわかりません。仮に「歩く」（動詞）だとしても、「～が歩く」（自動詞）なのか、「～を歩かせる」（他動詞）なのかもわかりません。

　このように単一の言語表現に複数の意味がある場合、その表現は**多義的**（ambiguous）であると言います。また、この性質は**多義性**（ambiguity）と呼ばれます[1]。

　実際に用いられる時には、多義性は解消され、意味が絞られます。例えば、(1)では文中の他の要素との関係からwalkの意味や品詞が定まって、多義性は解消します。

(1)　a.　I *walk* to school.（私は歩いて学校へ行きます）［walkは自動詞］

　　　b.　I *walk* my dog every morning.（毎朝私は犬を散歩させます）
　　　　　［walkは他動詞］

　　　c.　I went out for a *walk* in the park.（公園に散歩で出かけた）［walkは名詞］

1　多義的であっても、表現が不自然になることはありません。ambiguous やambiguityは「あいまいな」や「あいまい性」と訳されることもありますが、この訳語から、意味が定まらない不自然な表現であるかのように誤解する人もいるでしょう。誤解を避けるために、本書では「多義的」や「多義性」と訳しています。

次に、(2)のrecordと(3)のblue bookですが、第4章で既に考察したように、発音（強勢アクセントの位置）によって多義性が解消されます。

(2)　a.　récord（記録）［名詞］
　　　b.　recórd（記録する）［動詞］
(3)　a.　There is a bl<u>ue</u> book on the desk.（机の上に<u>答案用紙</u>がある）
　　　b.　There is a blue b<u>oo</u>k on the desk.（机の上に<u>青い本</u>がある）

次の(4)は、構文上の多義性の事例です。単語の結びつき方が複数可能なので、多義性が生じています。

(4)　John saw a man with binoculars.
　　　a.　ジョンは双眼鏡をもった男を見た。
　　　b.　ジョンは双眼鏡で男を見た。

例えば、with binocularsがmanと結びつくと、これを修飾して「所持」の意味(4a)になり、sawと結びつくと、これを修飾する「道具・手段」の意味(4b)になります。この多義性も発音で解消されます。(5)のように、斜線のポーズ（pause）を置く位置によって、(4a)と(4b)の意味がそれぞれ決まります。

(5)　a.　John saw / a man with binoculars.（ジョンは双眼鏡をもった男を見た）
　　　b.　John saw a man / with binoculars.（ジョンは双眼鏡で男を見た）

さて、多義性が解消されたら、意味は定まったと言えるでしょうか。この疑問を考えるために、意味の定義の仕方を検討してみましょう。

8.1.2　成分分析と意味素性
単語の意味はどのように定義されるでしょうか。意味を研究する**意味**

論（semantics）では、**意味素性**（semantic feature）という基本概念の組み合わせを用いて意味を定義します。このように基本概念の組み合わせで分析する方法は**成分分析**（componential analysis）と呼ばれます[2]。

例えば、水を、辞書のように言葉で、「水は純粋なものは無色、無味、無臭で、常温では液体」と定義するのではなく、元素記号を使ってH_2Oと定義するのと同じ考え方です。

もちろん、日常生活では辞書の言葉による定義や説明でも意味を十分に理解できます。しかし、成分分析は様々な言語事実を説明できるという利点があります。例えば、元素記号H_2Oを用いると、水を電気分解したとき、水素と酸素が発生し、気体の割合が2対1であることが説明できます。これと同じように、意味素性を使った意味の分析法を採用することで、以下の節で示すように、日本語や英語の単語の使い方を理論立てて説明することが可能になります。

8.2　名詞の意味素性

名詞（noun）に関して重要な意味素性は2つあります。具体的には、[±animate]と[±concrete]です。[±animate]は、生物を指す名詞と無生物を指す名詞を区別する意味素性です。[±concrete]は、可算名詞と不可算名詞を区別する意味素性です[3]。

まず、意味素性の表し方ですが、まず角括弧に入れます。そして、＋（プラス）か－（マイナス）という記号を使います。＋は「その性質があること」を、－は「その性質が無いこと」を表します。

2　第6章の6.4節では、個々の子音を調音法（発音する方法）と調音点（発音する位置）の2つの組み合わせで定義したことを思い出して下さい。これも成分分析の一種です。

3　animateは「生きている」を意味するので、[±animate]は日本語表記では[±有生]となります。しかし、「素性」という用語に惑わされて、[±有生]の「生」を「性」と書き間違えることが多いので、英語表記を採用します。

8.2.1　[± animate]による分析

　例えば、日本語の「〜たち」は、[＋animate]の名詞に付けます。ですから、「学生たち」は自然ですが、「*小石たち」は不自然です[4]。「学生」は[＋animate]で、「小石」は[−animate]の名詞だからです。英語でも[＋animate]と[−animate]の区別は重要です。例えば、主語や目的語の名詞の種類を意味素性で説明できる例があるからです。

　まず、主語に関する例として、形容詞necessaryがあります。「necessaryは『〈物・事が〉必要な』という意味なので、人を主語にした文は不可」という説明が既に辞書に載っています（『アクシスジーニアス』p.1146）[5]。つまり、necessaryに対する主語は[−animate]の名詞なのです。そのため、「彼はこの会社に必要だ」は、(1a)でなく、(1b)になります。

(1)　a.　*He is *necessary* for this company.

　　　b.　He is *needed* for this company.

　また、「ティムがそのプロジェクトに関わる必要がある」は、(2a)のように言えず、(2b)にしなければなりません（『ウィズダム』p.1332）。HeやTimは[＋animate]の名詞で、Itは[−animate]の名詞だからです[6]。

(2)　a.　*Tim is *necessary* to get involved in the project.

　　　b.　It is *necessary* for Tim to get involved in the project.

　(2)の例では、必要なのは、ティムという人物ではなく、「ティムがそのプロジェクトに関わること」である、という点にも注意して下さい。

　necessaryのように[−animate]の名詞を主語として取る形容詞として、

4　用例中の＊印はアスタリスク（asterisk）と呼ばれ、これが付いた表現は不自然であることを示します。

5　学習者が間違いやすい形容詞の使い方は予めわかっていますので、英和辞典の意味の説明で、「人が〜」や「物が〜」と記して注意を促してあります。

6　意味素性に関する事実からわかるように、代名詞は名詞と共通の性質を持つため、名詞の一種であると分析することが可能です。

difficult（難しい）、easy（易しい）、hard（難しい）、pleasant（楽しい）、possible（可能）などがあります。これとは逆に、感情を表す形容詞fond（好きな）、glad（嬉しい）、happy（幸せな）、sorry（残念な）に対しては、必然的に[＋animate]の名詞が主語となります。生物でないと感情は持てないからです。

　興味深いのは形容詞availableです。(3)のように主語が[＋animate]の場合と、(4)のように[－animate]の場合では意味が異なります。

(3)　Unfortunately, <u>he</u>'s not available.（『ウィズダム』p.136）

(4)　<u>The latest model smartphone</u> will be *available* next week.

　　　　　　　　　　　　　　　　　　（『スーパー・アンカー』p.118）

　(3)のavailableは、「手が空いていて対応できる、交際相手がいない」という意味です。この英文は、「残念だけど彼は対応できません」、「残念だけど彼には付き合っている人がいるよ」を意味します。

　これに対して、(4)のavailableは、「（人に）利用できる」という意味です。つまり、「最新型のスマホが来週には（人に）利用できるようになる（つまり、入手可能になる）」という意味です。

　次に、目的語の事例を考察してみましょう。例えば、「（競争や競技で）勝つ」を表す英単語はwinだけでなく、defeat（かたい表現）やbeat（くだけた表現）もあります。しかし、目的語としてwinは[－animate]の名詞を取り、beatとdefeatは[＋animate]の名詞を取るという違いがあります。

(5)　私たちは試合に勝った。

　　a.　We *won* the game.

　　b.　*We *beat/defeated* the game.

(6)　私たちは対戦相手に勝った。

　　a.　*We *won* our opponents.

　　b.　We *beat/defeated* our opponents.

名詞game（試合）は無生物なので、[－animate]です。よって、(5a)のようにwinの目的語になることができますが、(5b)のようにbeatやdefeatの目的語にはなれません。一方、名詞opponents（対戦相手）は人を指すので、[＋animate]です。よって、(6a)のようにwinの目的語になれませんが、(6b)のようにbeatやdefeatの目的語になれます。

8.2.2 [±concrete]による分析

名詞が関係する2つ目の重要な意味素性は[±concrete]です。このconcreteは「有形の」という意味です。具体的には、（大雑把でも構わないので）輪郭が思い浮かぶような形を持つ名詞は[＋concrete]を持ち、そのような形を持たない名詞は[－concrete]を持つのです。この意味素性は、**可算名詞**（countable noun）と**不可算名詞**（uncountable noun）の区別に役立ちます。

可算名詞は[＋concrete]の名詞です。その名詞が表す（抽象化された）代表的な形があります。ですから、可算名詞の絵を描くことは比較的簡単です。猫やリンゴの絵を描くと直ぐに何の絵かわかるでしょう。ですから、catやappleは[＋concrete]を持つ加算名詞です。

[＋concrete]の名詞は、代表的な形を基準として数えることができます。ですから、可算名詞と呼ばれます。特に、1つあるときは、不定冠詞aまたはanが付きます[7]。複数あるときは、名詞の語尾に屈折形態素の-sを付けます。

ただ、可算名詞が表す形から一部を切り離しても、元の名で呼ぶことはできません。元の代表的な形を留めていないからです。例えば、猫の絵から耳だけを取って、それを指差してThis is a cat.と言うことはできません。catの形を留めていないからです。

これに対して、[－concrete]の名詞には代表的な形はないので、形を基準として数えることができません。ですから、不可算名詞と呼ばれます。その結果、[－concrete]の名詞には、不定冠詞a/anが付くことも、屈折形態素の-sが付くこともありません。

---

7 これは古英語のanに由来します。one, once, onlyの元となった歴史ある単語です。

　例えば、appleやcatに比べると、不可算名詞のiron（鉄）やcare（世話）の絵を描くのは難しくなります。描けたとしても、人それぞれに絵は異なります。典型的な形が無いからです。

　不可算名詞はその一部を切り離しても、元の名で呼ぶことができます。1トンのironから1グラムを取ってもironに変わりはありません。代表的な形がないからです。

　名詞によっては、可算名詞と不可算名詞で意味が異なるものがあるので、要注意です。ただ、上述した[＋concrete]と[－concrete]の説明から、その代表例の(7a, b)が理解できるでしょう。

(7)　a.　I ate a chicken.

　　　b.　I ate chicken.

　(7a)のように、chickenにaが付いていることから、chickenが可算名詞であることがわかります。a chickenは、頭部の鶏冠（とさか）から尻尾や足までの形を持った鶏（つまり、一羽の鶏）です。(7a)はこれを丸ごと食べたという意味ですから、普通ではありません。猛獣並みの食欲だったことになります。

　(7b)のchickenにはaも複数のsも付いていませんから、不可算名詞です。これは典型的な形のない、「鶏肉、チキン」を意味します。これなら、食べたと言っても差し支えありません。

　ただ、意味から想像すると可算名詞のように思えるのに、実は不可算名詞だという単語があります。例えば、baggage（手荷物）、clothing（衣類）、furniture（家具）、equipment（備品）、homework（宿題）、mail（郵便）、postage（郵便料金）などです。これらは覚える必要がありそうですが、例えば、furnitureが不可算名詞である理由も指摘されています（今井（2020: 24-25））。furnitureは、（可算名詞の）bedやchairなど全体をまとめる概念なので、個々の有形の物体を指さないからです。

8.3 動詞の意味素性

動詞の分類法として最も有名なのは、「目的語を取る・取らない」という、構文上の特性に着目した**他動詞**（transitive verb）と**自動詞**（intransitive verb）の区別です[8]。

しかし、動詞の意味に着目して、意味素性に基づく分類も可能です。本節では、哲学者Zeno Vendler（1921-2004）の分析を紹介します。

8.3.1 意味による動詞の分類

Vendlerは、1967年に出版した『哲学における言語学』（*Linguistics in Philosophy*）という著書の中で、次の4つの意味概念に基づいて動詞を分類することを提唱しました。

⑴　a.　**状態**（state）
　　b.　**到達**（achievement）
　　c.　**達成**（accomplishment）
　　d.　**活動**（activity）

まず、状態という概念を基準に、動詞は**状態動詞**（stative verb）と**動態動詞**（dynamic verb）の2種類に分けられます[9]。さらに、動態動詞は、別の概念を基準にして、**行為動詞**（activity verb）[10]、**達成動詞**（accomplishment verb）、**到達動詞**（achievement verb）に分類されます。図式化すると⑵のようになります。本節では、この分類を意味素性で分析します。

8　5文型を学ぶとき、自動詞が用いられる文型の説明から始まり、次に他動詞が用いられる文型を学ぶのが一般的です。しかし、自動詞を表すintransitive verbは、他動詞を表すtransitive verbの否定表現になっていることに注意してください。他動詞を基本として、これ以外が自動詞という分類です。

9　動態動詞は、**動的動詞**や**非状態動詞**（non-stative verb）とも呼ばれます。

10　英語の用語activity verbは**活動動詞**とも訳されます。

(2)

8.3.2　状態動詞と動態動詞

　(2)の分類を意味素性で捉え直してみましょう。状態動詞は、その名の通り恒常的な状態を意味し、動きや変化の意味はありません。そのため、状態動詞は意味素性[+stative]を持つと考えられます。これに対して、動態動詞は、状態動詞でない動詞のことです。動きや変化といった動的な意味を表します。状態動詞ではないため、動態動詞は意味素性[−stative]を持ちます。

　典型的な状態動詞として、次の 3 種類があります。

(3)　無意識的な知覚を意味する動詞：feel, hear, look（「〜の様子に見える」という自動詞）, see, smell（「〜の匂いがする」という自動詞）, sound（「〜のように聞こえる」という自動詞）taste（「〜の味がする」という自動詞）など。

(4)　感情や心理を意味する動詞：appear（「〜のように見える」という自動詞）, believe, care（〜が好きである）, dislike, fear, forget, hate, know, like, love, mean, mind, prefer, remember（〜を覚えている）, see（わかる）, seem, think, understand, want, wishなど。

(5)　関係を意味する動詞：belong（to）, concern, consist（of）, contain, cost, depend（on）, equal, fit, have（所有の意味）, include, involve, lack, matter, need, owe, own, possess, remain, resemble, suitなど。

　状態動詞の特徴を知るために、命令文と進行形との相性について考察してみましょう。

　まず、一般に状態動詞は命令文では使われません。例えば、状態動詞know（知っている）は、知識が備わっている恒常的な状態を意味しま

す。ですから、⑹のように、「知っている状態になれ」と命令されても、自分の意思でその状態になることはできません[11]。その結果、⑹の命令文は不自然です。

⑹　*Know the answer.

　ところが、⑺のようにby Friday（金曜日までに）を付け加えると、「知識がない状態から、ある状態への変化」が感じられ、この文は「金曜日までに、頭に答えを叩き込め」と解釈できるようになります。その結果、knowが動態動詞learn（学び覚える）のような意味であると感じられ、命令文が可能となります。

⑺　Know the answer by Friday.

　状態動詞と異なり、一般に動態動詞は命令文を作ることができます。

⑻　a.　Wash your hair with shampoo every day.
　　b.　Sing in the bathtub.

　次に、状態動詞は進行形「be + doing」で用いられにくいという特性もあります。状態という概念は安定した継続を含むので、進行形を用いなくても、進行に相当する継続の意味を表しているからです。
　例えば、「私は彼を知っています」を、「います」があるからと言って、⑼aの進行形を使う必要はありません。⑼bの現在形で十分です。これに対して、⑽のように、動態動詞は進行形で使うことが問題なく可能です。

⑼　a.　*I am knowing him.

11　自然な命令文を作るために、「命じられた人が自己統御できる（self-controllable）」という条件を満たすことも必要です。

　　　b.　I *know* him.
⑽　a.　You *are calling* the wrong number.（番号違いですよ）
　　　b.　Tiffany *is moving* abroad to continue her studies.（ティファニー
　　　　　は研究を続けるために海外へ引っ越しているところだ）

　ただ、状態動詞を進行形で使う場合もあるのですが、特別な意味合い
が発生します。

⑾　He *is knowing* her more and more.
⑿　He said it, but he *was* just [only] *being* polite.

　⑾は、「彼は彼女のことがだんだんわかってきた」という意味です。
knowingは状態の「知っている」ではなく、「わかるようになる」とい
う変化を表します。また、⑿の「彼はそう言ったが、単に社交辞令で
言っただけだ」という意味です。これから分かるように、「その時だけ
で、いつもはそうではない」という言外の意味があります。

8.3.3　3種類の動態動詞
　3種類の動態動詞がどのように区別されるか検討してみましょう。
　行為動詞は、その名の通り行為や活動を意味し、その行為が継続する
ことを表します。いつ始まり、いつ終わるということは表現からはわか
りません。行為動詞には、drive, pull, push, run, study, swim, walk, wear,
workなどがあります。
　例えば、⒀から「運転した、勉強した、泳いだ」という行為があった
ことはわかりますが、いつ終わったかという**終了点**（end point）は表現
からわかりません。

⒀　a.　He drove a car.
　　　b.　The boy studied English.
　　　c.　They swam in the river.

　次に、達成動詞です。この動詞は、<u>活動を継続して</u>、その結果として<u>ある終了点に達して行為が完結する</u>ことを表します。実線の下線部「<u>活動を継続して</u>」という点で、達成動詞と行為動詞は共通します。しかし、行為動詞は、点線の下線部「<u>ある終了点に達して行為が完結する</u>」を意味しません。この点で、達成動詞と行為動詞は異なります。

　達成動詞には、build（a house）, draw, learn（学んで覚える）, make（a chair）, paint（a picture）, push（a cart to the supermarket）, put on（身につける）, read（a book）, recover（from illness）, write（a letter）などがあります。

　達成動詞が表す終了点は動詞によって異なります。ある状態や場所に至ることが終了点になる場合もあれば、物が完成する場合もあるからです。例えば、（14a）では、build という活動が継続してゆき、a houseが完成すると、その活動は終了します。（14b）では、カートを押す活動が続き、スーパーに到着すると、その活動は終了します。

⒁　a.　He *built* <u>a house</u>.
　　b.　The boy *pushed* a cart <u>to the supermarket</u>.

　興味深いことに、（14b）からto the supermarketを省いた⒂のpushには、行為動詞の意味合いしかありません。終了点を示すto the supermarketが無いためです。

⒂　The boy pushed a cart.（その少年はカートを押した）

　つまり、（14b）では、動詞（push）と結びつく表現（to the supermarket）が共起することで達成動詞としての解釈が発生するのです。
　最後に、到達動詞を考察してみましょう。到達動詞は、ある状態に至る瞬間のみを表し、その瞬間に動作が完結することを表します[12]。この

12　到達動詞は継続した活動を意味せず、終了点に焦点を当てるだけです。この点で達成動詞と異なりますので、注意が必要です。

ことから、到達動詞は、**瞬間動詞**と呼ぶこともできます。到達動詞は行為が継続することを意味しないので、行為動詞や達成動詞と異なります。しかし、達成動詞は終了点を意味するので、達成動詞と共通点があります。

　到達動詞には、arrive, die, find, leave, lose, notice, reach, recognize, spot, start, stop, winなどがあります。

　⒃からわかるように、arriveは目的地に到着する瞬間を表し、そのとき動作は完結します。dieは生きている状態から死んでいる状態へ変化する（つまり、亡くなる）瞬間を表し、そのとき動作は完結します。loseは所持している状態から所持していない状態へ変化する（つまり失う）瞬間を表し、そのとき動作は完結します。

⒃　a.　They *arrived* at the station.

　　b.　Mozart *died* in 1791.

　　c.　I've *lost* my purse.

　ここまで考察した3つの動態動詞の違いは、イメージ図で表すことができます。

⒄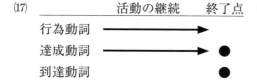

8.3.4　意味素性による分類

　3種類の動態動詞を意味素性で分析してみましょう。まず、共通点ですが、3つとも動態動詞なので、共通して[−stative]を持ちます。

　次に相違点です。意味素性にはプラスとマイナスの値があるので、2種類の意味素性があれば、3種類の動詞を区別することが可能です[13]。

13　以下に説明するように、3つの組み合わせ（[+, +]、[+, −]、[−, +]）が可能だからです。

その一つが、行為が継続することを表す[±durative]です。もうひとつが、終了点に至り完結することを表す[±telic]です。

　行為動詞は、活動の継続を表すので[+durative]を持ちますが、終了点に至ることは意味しないので[−telic]です。達成動詞は、活動の継続を表すので[+durative]を持ち、結果として終了点に至るので[+telic]です。到達動詞は、活動の継続を意味しないので、[−durative]ですが、完結は意味するので、[+telic]です。

　さて、[±durative]と[±telic]の観点から状態動詞を再検討してみましょう。状態動詞は、恒常的な状態を意味しますが、これは状態の継続を意味しているとも言えます。したがって、状態動詞は[+durative]の動詞です。また、状態動詞は終了点に至ることを意味しないので、[−telic]の動詞でもあります。

　上述した考察をまとめると、状態動詞を加えた4種類の動詞の意味素性は、⒅のようにまとめることができます。さらに、⒅を基にして⒆の表を作ることができます。

⒅　a.　状態動詞：　[+stative], 　[+durative], 　[−telic]
　　b.　行為動詞：　[−stative], 　[+durative], 　[−telic]
　　c.　達成動詞：　[−stative], 　[+durative], 　[+telic]
　　d.　到達動詞：　[−stative], 　[−durative], 　[+telic]

⒆

	[stative]	[durative]	[telic]
状態動詞	+	+	−
行為動詞	−	+	−
達成動詞	−	+	+
到達動詞	−	−	+

8.3.5　分ける根拠

　8.3.2節で状態動詞と動態動詞の違いを考察しました。ここでは、動態動詞を3つに分ける根拠となる事例を2つ紹介します。

　まず、他動詞stopとの相性です。「〜することを止める」を意味する

とき、stopは目的語として動名詞を従えます。この場合、終えるまでは短くても構わないので、ある程度継続した後に止めることになります。したがって、「継続を表す[+durative]を持つ行為動詞と達成動詞はstopの目的語になれますが、[−durative]の到達動詞は目的語になれない」と予測されます。この予測は、⑳の通り、正しいことが分かります。

⑳　a.　The old man stopped *walking*.（行為動詞）

　　b.　My sister stopped *making* a fruit cake.（達成動詞）

　　c.　*He stopped *arriving* at the station.（到達動詞）

　次は、前置詞inとの相性です。inには、「ある動作や状態が完結するまでの所要時間」を表す用法があります。したがって、「inは完結を表す[+telic]を持つ達成動詞と到達動詞とは共起できるが、[−telic]の行為動詞とは共起できない」と予測されます。㉑の通り、この予測は正しいことが分かります。

㉑　a.　*The old man *walked* <u>in twenty minutes</u>.（行為動詞）

　　b.　My sister *made* a fruit cake <u>in twenty minutes</u>.（達成動詞）

　　c.　He *arrived* at the station <u>in twenty minutes</u>.（到達動詞）

　上記の考察をまとめると、㉒のようになります。

㉒

	stopの目的語	inとの共起
行為動詞	○	×
達成動詞	○	○
到達動詞	×	○

（○＝可能、×＝不可能）

第9章　文の意味

9.1　意味構造

　文の意味は**命題**（proposition）と呼ばれます。命題は、**真**（true）、または**偽**（false）という**真理値**（truth value）を持ちます。例えば、英文(1)は（　）の日本語訳に相当する意味を表します。すると、もし実際にジャックが病院へ行ったのであれば真、行かなかったのであれば偽という真理値になります。

(1)　Jack went to a hospital.（ジャックは病院へ行った）

　英文(2)は否定文なので、同じ状況では(1)と逆の真理値になります。つまり、Jackが実際に病院へ行ったのであれば偽、行かなかったのであれば真という真理値です。

(2)　Jack didn't go to a hospital.（ジャックは病院へ行かなかった）

　しかし、文を構成するJackやhospitalという単語だけを取り上げても、真理値は決まりません。これらの単語は文ではないので、命題を持たないからです。
　(1)と(2)の例から分かるように、命題には否定を含むものと、含まないものがあります。そこで、否定を含まない命題を**中核命題**（core proposition）と呼び、否定を含む命題を**拡大命題**（extended proposition）と呼ぶことにします。2種類の命題は、(3)の**意味構造**（semantic struc-

ture）を成します[1]。(3)は(4)のように表すこともできます。

(3)

(4)　[拡大命題 否定 [中核命題 …]]

　上記の分析を採用すると、(1)と(2)の意味構造は、それぞれ(5)と(6)のようになります[2]。(4)のギリシャ文字 φ（ファイ）は要素の欠落を表します。

(5)　[拡大命題　φ [中核命題 Jack went to the hospital]]

(6)　[拡大命題 not [中核命題 Jack went to the hospital]]

9.2　モダリティ

　命題の真理値は客観的に決まります。しかし、文には主観的な意味もあります。例えば、命題に対してどの程度の確信を持っているかという発話者の心理状態です。それが**モダリティ**（modality）です。したがって、命題とモダリティは、客観と主観という対立関係にあります。

　具体例を考察してみましょう。(1)の発話者は、肯定文であれ否定文であれ、命題の真理値に関して迷いなく判断して、事実だと思うことを述べています。

(1)　a.　i.　He is in good condition.（彼は調子良いよ）

　　　　ii.　He isn't in good condition.（彼は調子良くないね）

1　詳細な分析は中右（1994）を参照のこと。

2　(5)と(6)では、英語表現との対応を示すために、意味を英語で表しています。以下の説明でも同様です。

　b.　i.　He went to a hospital.（彼は病院へ行きました）

　　　ii.　He didn't go to a hospital.（彼は病院へ行きませんでした）

　客観的事実を述べる場合、動詞は現在形または過去形になります。このような場合の動詞の表現法は**直説法**（indicative mood）とも呼ばれます。

　しかし、命題の真理値が真か偽か確信が持てない場合には、その心理状態を表す表現を付け加えます。例えば、(2)のように副詞perhapsを使います。もちろん、(3)のように確信の程度を高める副詞definitelyを加えることもできます。これらは話者の心理状態（自信の有無、確信の程度）を示す**モダリティ表現**です。

(2)　*Perhaps* he went to a hospital.（彼は病院へ行った<u>かもしれない</u>）

(3)　*Definitely* he went to a hospital.（<u>絶対に</u>彼は病院へ行ったよ）

　モダリティ表現は、程度・度合いに応じて序列化することができます。例えば、perhapsやdefinitelyのような副詞は推量や確信の程度によって、(4)のように序列化できます[3]。

(4)　確信の度合い

　　　95%以上　certainly, definitely

　　　70%以上　probably,

　　　65%以上　likely

　　　35–50%　maybe

　　　30%以上　perhaps

　　　30%以下　possibly

　また、モダリティには否定の影響を受けないという特性があります。例えば、(5)は「確信が持てないことはない」、(6)は「確信があることは

3　『アクシスジーニアス』（p.1280）によります。

ない」という意味ではありません。

(5) *Perhaps* he didn't go to a hospital. (彼は病院へ行かなかった<u>かもし</u><u>れない</u>)

(6) *Definitely* he didn't go to a hospital. (<u>絶対に</u>彼は行かなかったよ)

　上記の事実から、モダリティを取り入れた文の意味構造は(7)のようになると考えられます。モダリティは否定より上位にあるので、否定の影響を受けません。なお、(7)の意味構造は(8)のように表すこともできます。

(7)

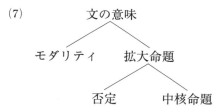

(8)　[文の意味 Perhaps [拡大命題 not [中核命題 he went to a hospital]]]

9.3　法助動詞

　英語の助動詞には、疑問文、否定文、完了形などの構文を作るための助動詞（doやhaveなど）と、mayやmustなどの**法助動詞**（modal auxiliary）があります。

　法助動詞の法は英語でmodalですが、これから派生した名詞がmodalityです。よって、法助動詞とは「命題に対する話者の心理を表す助動詞」を指します。本節では、法助動詞の使い方を検討して、前節の(7)や(8)の意味構造の妥当性を検証します。

　まず、法助動詞の意味には、**根源的意味**（root meaning）と**認識的意味**（epistemic meaning）の2種類があります[4]。根源的意味は文の主語が

4　Sweester（1990）は歴史的にも言語習得の観点からも、認識的意味は根源的意味

関係します。例えば、(1)のように、法助動詞の主語の能力や意志や、主語に対する許可や義務を表します。

(1)　根源的意味

　　能力「〜できる」：My mother *can* speak Malay.

　　意志「〜するつもりだ」：I'*ll* call you soon.

　　許可「〜してもよい」：　a.　You *may* borrow three books from the library.

　　　　　　　　　　　　　　b.　You *can* leave when you like.

　　義務「〜しなければならない」「〜すべきだ、〜する方がよい」：

　　　a.　You *must* change your socks if they get wet.

　　　b.　Since you're so unhappy there, you *should* look for another job.

　根源的意味と異なり、認識的意味は文の発話者が関係します。(2)のように、認識的意味の法助動詞は命題に対する話者の心理状態（確信の度合いなど）を表します。よって、認識的意味の法助動詞はモダリティ表現です。

(2)　認識的意味

　　可能性・蓋然性「〜かもしれない・〜だろう」：

　　（あの人はフランス語の新聞を持っているという状況での発話）

　　　a.　He *could* be French.（彼はフランス人であるかもしれない）

　　　b.　He *may* be French.

　　　c.　He *might* be French.

　　必然性「〜にちがいない」：

　　（あの人はフランス語の新聞を持っていて、一緒にいる人にフ

から派生していると論じています。なお、実際の発話では、認識的意味の法助動詞の方が強く発音されます。

ランス語で話している。という状況での発話)
He *must* be French.（彼はフランス人に違いない）

　前節で考察した副詞と同じように、認識的意味の法助動詞は推量や確信の度合いに応じて、(3)のように序列化できます[5]。

(3)　自信・確信の度合い
　　　低い　　　　　　　　　　　　　　　　　　　　　　　　　　　　高い
　　　could < might < may < can < should < ought to < would < will < must

　100％の自信や確信がある場合は客観的事実を述べるので、法助動詞を用いず、動詞は直説法（現在形か過去形）となります。例えば、「あの人はフランス語の新聞を持っていて、一緒にいる人にフランス語で話している。彼はフランス生まれで、フランスのパスポートを持っている」という状況では、He is French.（彼はフランス人だ）と述べることになります。ただし、法助動詞を用いると、そのような自信がない心理状態を表すことになります。
　さて、前節の(7)や(8)の意味構造分析が正しいことを理解するために、肯定文と否定文の意味を比較してみましょう。まず、肯定文(4)のcouldは過去形ですが、現在の推量を意味します。よって、意味は、「彼はフランス人であるかも知れなかった」ではありません。

(4)　He *could* be French.（彼はフランス人であるかもしれない）

　(4)の意味は、「彼はフランス人である」という命題と、「かもしれない」という法助動詞の意味に分割できます。つまり、(4)の意味構造は(5)となります。

(5)　[文の意味 could [拡大命題 φ [中核命題 He is French]]]

5　(3)の序列は、『ウィズダム』（p.1240）を基にしました。

　それでは、否定文(6)の意味はどうでしょうか。法助動詞の意味は否定の影響を受けるでしょうか。

(6)　He *could* not be French.（彼はフランス人でないかもしれない）

　この場合、「彼はフランス人でない」という命題と、「かもしれない」という法助動詞の意味に分割できます。この命題は否定を含んでいるので拡大命題です。したがって、(6)の意味構造は(7)になります。これは前節の(7)と(8)の分析に対応します。

(7)　[文の意味 could [拡大命題 not [中核命題 He is French]]]

　(6)に否定のnotがあるからと言って、「彼はフランス人であるかも知れない、ということはない」という意味にはなりません。この誤った意味を表す意味構造は(8)です。

(8)　[拡大命題 not [文の意味 could [中核命題 He is French]]]

　否定がモダリティの上位にありますが、この上下関係は前節の(7)や(8)の分析では許されません。(8)の意味構造が許されないので、(6)は「彼はフランス人であるかも知れない、ということはない」を意味することはないのです。
　前節では、モダリティ表現である副詞は否定の影響を受けないことを考察しました。同じことが、モダリティ表現の法助動詞にも当てはまるのです。
　それでは、最後に問題です。(9)はどういう意味でしょうか。

(9)　I couldn't have done it without you.

　couldは現在の推量ですが、否定notの影響を受けません。notが修飾

するのは、過去を表わすhave doneの方です。without youは「君なしで
は」です。ですから、(9)は「君なしでは、僕はそれをできなかっただろ
う」という感謝の表現となります。

9.4 日英語の応答表現

9.4.1 基本原則

　意味構造を前提として、Yes/No疑問への応答表現に関する日英語の
違いを検討してみましょう。例えば、日本語では、否定疑問「病院へ行
かなかったの？」に対して、「はい」と答えれば、行ってないことを表
し、「いいえ」と答えれば、行ったことを表します。

　ところが、英語では逆です。否定疑問Didn't you go to a hospital?に対
して、Yesと答えると、行ったことを表し、Noと答えると、行ってない
ことを表します。

　この違いは(1)と(2)の原則から生じていると考えられます。

(1)　英語の応答表現の原則

　　a.　中核命題が真であれば、Yesと応答する。

　　b.　中核命題が偽であれば、Noと応答する。

(2)　日本語の応答表現の原則

　　a.　拡大命題が真であれば、「はい」と応答する。

　　b.　拡大命題が偽であれば、「いいえ」と応答する。

　応答表現でなく疑問表現から見てみると、英語の疑問文は中核命題の
真理値を問う疑問であり、日本語の疑問文は拡大命題の真理値を問う疑
問であると分析できます。

9.4.2 英語の応答表現

　英語の肯定疑問文(3)に対する応答表現を検討するために、まず、平叙

文(4a)とその意味構造(4b)を見てみましょう⁶。また、(1)を(5)として再掲しました。

(3)　Did you go to a hospital?（病院へ行ったの？）

(4)　a.　I went to a hospital.（病院へ行ったよ）

　　　b.　[拡大命題 φ [中核命題 I went to a hospital]]

(5)　a.　中核命題が真であれば、Yesと答える。

　　　b.　中核命題が偽であれば、Noと答える。

　英語では中核命題の真理値に応じてYes/Noを使い分けるので、実際に病院に行ったのであればYesと答え、行かなかったのであればNoと答えます。ちなみに、(6)のように、I did.やI didn't.を付け加えた応答も可能です。省略された部分を（　）で示しました。

(6)　a.　Yes, I did（go to a hospital）.［真＋真］

　　　b.　No, I didn't（go to a hospital）.［偽＋偽］

　(6a)のYesは(4b)の中核命題が真であることを表し、I didも(4b)の中核命題が真であることを表します。コンマの前後で真理値は矛盾なく一貫しています。

　一方、(6b)のNoは(4b)の中核命題が偽であることを表し、I didn'tは(4b)の中核命題が偽であることを表します。真理値は(6a)と逆ですが、コンマの前後で真理値は一貫しています。

　ところが、(7)のように、YesにI didn'tを続けたり、NoにI didを続けたりすると、真理値の矛盾が生じます。その結果、文頭のアスタリスク*が示すように、不自然な応答文となります。

(7)　a.　*Yes, I didn't(go to a hospital).［真＋偽］

6　「平叙文」は「疑問文」に対する用語です。なお、「肯定文」に対する用語は「否定文」です。この対応関係を混同しないよう注意してください。

b.　*No, I did(go to a hospital).［偽＋真］

　英語では否定疑問文でも応答表現は、肯定疑問文と同じです。否定疑問文(8)に対する応答表現を検討するために、平叙文(9a)とその意味構造(9b)を見てみましょう。

(8)　Didn't you go to a hospital?（病院へ行かなかったの？）
(9)　a.　I didn't go to a hospital.（病院へ行かなかったよ）
　　　b.　[拡大命題 not [中核命題 I went to a hospital]]

　原則(1)によると、(9b)の中核命題が真か偽かという点が重要です。否定の部分は無視して、中核命題の真理値だけに着目して応答します。具体的には、(10)や(11)の応答表現となり、結果的に肯定疑問文(3)に対する応答表現(6)と同じになります。

(10)　中核命題が真の場合の(8)への応答表現
　　　a.　Yes.
　　　b.　Yes, I did(go to a hospital).
(11)　中核命題が偽の場合の(8)への応答表現
　　　a.　No.
　　　b.　No, I didn't(go to a hospital).

9.4.3　日本語の応答表現

　日本語では、否定を含めた拡大命題の真理値を考慮して、「はい・いいえ」と答えます。原則(2)を(12)として再掲しました。

(12)　a.　拡大命題が真であれば、「はい」と応答する。
　　　b.　拡大命題が偽であれば、「いいえ」と応答する。

　日本語の肯定疑問文(13)に対する応答表現を検討するために、平叙文

（14a）とその意味構造（14b）を見てみましょう。

⒀　君は病院へ行ったの？

⒁　a.　私は病院へ行きました。

　　b.　[拡大命題 φ [中核命題 私は病院へ行きました]]

　（14b）からわかるように、肯定疑問文には否定が欠落しているので、実質的には拡大命題の真理値は中核命題の真理値と同じです。よって、実際に病院に行ったのであれば、「はい」と答え、行ってないのであれば、「いいえ」と答えます。英語の応答表現(6)に対応するので、肯定疑問文への応答表現に関して日英語に違いはありません。

　日英語で違いが生じるのが否定疑問文の場合です。否定疑問文⒂に対する応答表現を検討するために、平叙文（16a）とその意味構造（16b）を見てみましょう。

⒂　君は病院へ行かなかったの？

⒃　a.　私は病院へ行きませんでした。

　　b.　[拡大命題 ない [中核命題 私は病院へ行きました]]

　原則(2)によると、応答表現では、（16b）の拡大命題が真か偽かという点が重要になります。実際に病院に行かなかったのであれば、拡大命題の真理値は真なので「はい」と答えます。これに「行きませんでした」を続けても、（17b）のように真理値の矛盾は生じません。しかし、「行きました」が続くと、（16b）の拡大命題の真理値は偽となります。その結果、（17c）のように真理値の矛盾が生じて、不自然な応答となります。

⒄　拡大命題が真の場合の⒂への応答表現

　　a.　はい。［真］

　　b.　はい、行きませんでした。［真＋真］

　　c.　*はい、行きました。［真＋偽］

もし、実際に病院に行ったのであれば、(16b)の拡大命題の真理値は偽なので「いいえ」と答えます。これに「行きました」を続けても、(18b)のように真理値の矛盾は生じません。しかし、「行きませんでした」が続くと、(16b)の拡大命題の真理値は真となります。よって、(18c)のように真理値の矛盾が生じて不自然になります。

⒅　拡大命題が偽の場合の⒂への応答表現
　　　a.　いいえ。［偽］
　　　b.　いいえ。行きました。［真＋真］
　　　c.　＊いいえ。行きませんでした。［真＋偽］

9.5　動詞と文の意味

9.5.1　述語と項

　第8章では意味素性に着目して動詞を分析しましたが、述語論理という学問分野においても動詞の分析が行われてきました。「動詞」という名称は単語の**品詞**（part of speech）です。しかし、文の意味において、動詞は「主語について述べる」役割を担うので、**述語**（predicate）とも呼ばれます。

　まず、文において述語が単独で生じることはありません。最低でも主語という要素を伴います[7]。また、述語が他動詞の場合は、必ず目的語が現れます。つまり、文の構成や意味において、述語を中心とした必須要素との関係があるのです。

　述語の意味を表すための必須要素は**項**（argument）と呼ばれ、述語が取る項の数に応じて、述語は3種類に分類されます[8]。

　7　最近の研究では、命令文、to不定詞、動名詞などにも「発音されない見えない主語」があると考えられています。
　8　項が複数の場合は多項述語と呼ばれます。数の部分をnに置き換えてn項述語と表記することもあります。

⑴　a.　1 項述語（one-place predicate）：arrive, come, dance, die, fall, run, sleep, walk, etc.

　　b.　2 項述語（two-place predicate）：break, drink, eat, hit, make, etc.

　　c.　3 項述語（three-place predicate）：give, put, send, etc.

　項を表す argument は、元来「命題を支える言葉」を指しました。ですから、項は文の意味を構成する重要要素です。また、⑴の用語 place は「項が生じる所」を指します。例えば、two-place predicate は「項が 2 箇所に生じる述語」を指し、単に「2 項述語」とも呼ばれます。

　表記を簡潔にするために、項を x, y, z などの記号で表すこともあります。すると、述語 dance, eat, give は、⑵の（　）の**項構造**（argument structure）を持つと見なすことができます。

⑵　a.　1 項述語：dance（x）［例：We danced.］

　　b.　2 項述語：eat（x, y）［例：I ate soup.］

　　c.　3 項述語：give（x, y, z）［例：I gave him a book.］

　（2a）は「x が dance する」ことを、（2b）は「x が y を eat する」ことを、（2c）は「x が y に z を give する」ことを表します。（　）の左端の項 x は主語に相当し、**外項**（external argument）と呼ばれます。その右側の y や x は**内項**（internal argument）と呼ばれます。一般に外項は主語に対応し、内項は目的語に対応します。

　また、項構造の x, y, z などは様々な語句に対応するので、数学での**変項**（variable）に相当します。また、述語は項を関係付ける**関数**（function）であると見なすこともできます。

　項構造は、述語の意味を表す必須要素から成ります。そのため、文構造でどのような要素がいくつ必要になるか、項構造からわかるようになります。

9.5.2　項構造と意味役割

　(3)の能動文（active sentence）と(4)の受動文（passive sentence）は語順が異なるのに、同じ出来事を表します。

(3)　Your little boy broke my kitchen window.（おたくの子がうちの台所の窓を割ったよ）

(4)　My kitchen window was broken by your little boy.（うちの台所の窓がおたくの子に割られたよ）

　(3)でも(4)でも、窓を割ったのはyour little boyで、割る行為の対象はmy kitchen windowです。この意味関係は、能動文と受動文で語順が異なっても変わりません。そのため同じ出来事を表すのです。

　ここで、意図的に何かを生じさせたという役割を担う要素を**行為者**（agent）と呼び、行為が及んだ対象が担う役割を**主題**（theme）と呼ぶことにしましょう[9]。このような役割は**意味役割**（semantic role）と呼ばれます。

　述語は項の種類と意味役割に関する情報を持っており、この2つは関係しています。例えば、breakは2項述語なので、2つの項（つまり、外項（主語）と内項（目的語））を取ります。そして、外項（主語）に行為者という役割を与え、内項（目的語）に主題という役割を与えます。

　この意味役割の付与は、受動文を作る前の能動文の段階(3')で行います。要素の語順は変化しますが、最初に与えられた役割は持ったままなので、(4')のようになります。そのため、能動文と受動文は同じ出来事を表すのです。

(3')　Your little boy broke my kitchen window.
　　　　行為者　　　　　　　　　　　主題
(4')　My kitchen window was broken by your little boy.
　　　　　　主題　　　　　　　　　　　　　行為者

9　行為者は動作主とも呼ばれます。

　ただし、by your little boyには注意が必要です。そもそも受動文には、能動文の主語（行為者である外項）をこれ以外の位置へ移して目立たなくする働きがあります。ですから、⑸のようにby your little boyを省いても自然な英文です。

⑸　My kitchen window was broken.

　ただし、本来breakは行為者がいることを意味するので、by your little boyを省いても、「誰かが割った、誰かに割られた」という行為の意味が感じられます。なお、⑸には「うちの台所の窓が割（ら）れていた」という状態の意味もあります。つまり、⑸は多義的です。
　以上の考察から、述語breakを中心として、文法機能（主語や目的語など）、項構造、意味役割を比較すると、⑹に示したように、一定の対応関係があることが分かります。

⑹

	Your little boy	broke	my kitchen window
文法機能	主語	述語	目的語
項構造	外項	述語	内項
意味役割	行為者	述語	主題

第10章　文の構成

10.1　文が作られる仕組み

　文構造を研究する分野がsyntaxです。syntaxの訳語としては、統語論、統辞論、統語法、構文論、統語部門など複数の訳語があります。しかし、本書では学問分野としては**統語論**と訳し、文構造を作り出す仕組みの中核を**シンタックス**と呼びます。

　それでは、具体的に文が作られる仕組みはどうなっているのでしょうか。現代の統語論の主流である生成文法では、(1)のように表わすことができると考えられています。

(1)

　(1)は工場での組み立て作業に例えられます。文を構成する材料は**レキシコン**（lexicon）と呼ばれる脳内辞書に蓄えられた**語彙項目**（lexical item）です。語彙項目の典型は単語です。fMRI（functional Magnetic Resonance Imaging）を使った研究で、人の脳に単語が蓄えられている部位の位置などが明らかになっています。

　語彙項目は、他のどのような語彙項目と結びつくかといった情報を持っています。例えば、既に学んだ選択制限や項構造があります。この条件を満たしながら、**併合**（Merge）という規則で語彙項目は結び付け

られます。併合によって形成された新たな要素も、併合によってさらに別の要素や語彙項目と結びつきます。この作業を繰り返して、構文を派生するのが**シンタックス**の仕事です。具体的な結びつきを規定したものが**句構造規則**（phrase structure rule）です。これによって形成された構造を図式化したものが、**樹形図**（tree diagram）です[1]。

　樹形図が完成すると、これを基に発音するために**音声形式部門**（phonetic form component）へ、また、意味解釈するために**論理形式部門**（logical form component）へ**転送**（transfer）されます。

　シンタックスでは**移動**（movement）も生じます。例えば、Wh疑問文(2a)や受動文(2b)は移動によって派生した構文の例です。斜体字のtは**痕跡**（trace）と呼ばれ、発音されませんが、移動した要素の元の位置を示します。

(2)　a.　*What* did you buy *t* ?

　　　b.　*The ring* was stolen *t* .

　移動も併合によって捉えることが可能です。(2a)では、whatがbuyの目的語の位置から移動して、併合によってdid you buy *t*と結びつきます。(2b)でも、the ringがstolenの目的語の位置から移動して、併合によってwas stolen *t*と結びつきます。移動を併合と見なすことができるので、構造が作られる仕組みを併合という概念で統一的に捉えることが可能になります。

　(2)では、移動した要素は文頭にあり、元の目的語位置にありません。しかし、意味的には、痕跡の位置、つまり、動詞の目的語であると解釈されます。(1)の仕組みによると、移動した要素は、音声形式部門では文頭で発音され、論理形式部門では目的語位置で解釈されるのです。このように発音の位置と解釈の位置が異なる現象は**転移**（displacement）と呼ばれます。これは人間言語の特性の1つで、移動（究極的には併合）によって捉えることが可能になります。

1　「樹系図」ではなく「樹形図」ですので、注意してください。

　さて、(1)の仕組みを前提とすれば、次の帰結が得られます。まず、最初に意味があって、これを表すように構文が作られるのではない、という帰結です。つまり、構文を作るのに正しい意味は不要です。10.2節でその具体例を考察します。

　次に、もし(1)の仕組みが正しいとすれば、次の3つの予測も得られます。第11章では、これらの予測が正しいことを検証します。

(3)　a.　構造が発音に影響する。

　　　b.　構造が意味解釈に影響する。

　　　c.　発音と意味解釈に構造が介在した対応関係がある。

10.2　意味は必要か

　前節の要点の1つが、シンタックスで作られた構造をもとにして意味が決まるということでした。言い換えると、意味が先にあって、それに合うように構造が作られるのではないのです。これを理解するために、日本語の事例を検討してみましょう。

　まず、(1)に3つの単語を挙げました。皆さんにとって、どれも初めて目にする単語でしょう。

(1)　a.　ヨモッタ

　　　b.　ニホモミワ

　　　c.　レウニ

　この3つの単語を組み合わせて、(2)と(3)の2つの文を作ってみましょう。両方とも初めて目にする文のはずです。さて、どちらの方がより日本語らしく感じられますか。

(2)　ヨモッタ　レウニ　ニホモミワ

(3)　ニホモミワ　　レウニ　　ヨモッタ

　日本語の母語話者なら、意味はわからなくても、何となく(2)より(3)の方が日本語らしく感じられるでしょう。

　実は、(1)の３つの単語は、私が勝手に作った意味のない単語です。ただ、「ヨモッタ」は動詞の過去形、「ニホモミワ」は「名詞+は」、「レウニ」は副詞と感じられるように作りました。これらは意味のない単語なので、どんな順序で並べても意味はありません。ですので、理解できる正しい意味になりません。

　それなのに、(2)より(3)の方が日本語らしく感じられました。それは、構文の成立が意味以外の要因によって決まっているからです。その要因とは構文の組み立て方です。また、初めて目にした（意味のない）表現なのに、日本語の母語話者が共通して(3)の方が日本語らしいと判断したのは、構文の組み立て方に関する（無意識の）知識を共有しているためです。

　例えば、日本語では、(3)に対応する(4)の単語の配列は許されますが、(2)に対応する(5)の単語の配列は許されず、不自然な表現となります[2]。

(4)　[名詞+は]＋副詞＋動詞
　　　a.　バスは急に止まった。
　　　b.　彼は静かに話した。
(5)　動詞＋副詞＋[名+は]
　　　a.　*止まった急にバスは。
　　　b.　*話した静かに彼は。

　上記の事実から、自然な構文を作るのに正しい意味は重要でないことがわかります。

　英語の例は、生成文法の提唱者であるノーム・チョムスキー（Noam

2　(5)が可能だと感じられる場合もあるかもしれませんが、特殊な状況や言い方を仮定しなければならず、その点で自然さを欠くと言えるでしょう。

Chomsky）が提示した(6)と(7)が有名です[3]。この２文は変ですが違いがあります。どういう違いでしょうか。

(6)　Colorless green ideas sleep furiously.
(7)　Furiously sleep ideas green colorless.

　(6)は「無色の緑色の考えが怒り狂って寝ている」という意味で、矛盾を含んだ変な意味、正しくない意味を表しています。しかし、英語の文としては成立しています。そのため、変な意味が理解できるのです。例えば、Colorless green ideasが主語で、sleepが動詞です。そして、Colorless greenがideasを修飾し、副詞furiouslyはsleepを修飾しています。
　また、(6)を英語母語話者の子どもに聞かせると、くすっと笑います。つまり、文として成立していて、その文の意味が変だということがわかって面白いのです。要するに、構文というものは意味が変でも、文として成立することがあるのです。
　(6)の語順を逆にしたのが(7)です。これを（無理して）訳すと、「激しく寝ている考え緑色の無色の」となります。変な意味ですし、そもそも英語の文として成立していません。ですから、動詞sleepに対する主語がわかりません。また、修飾関係もわかりません。
　(7)を英語母語話者の子どもに聞かせると、ぽかんとします。つまり、(7)は意味が変だという以前に、文として成立していないからです。(7)は文として認識できないほど変な文なのです。
　(6)と(7)は、変わった例文なので初めて見たという人ばかりでしょう。今まで見たり聞いたりしたことのない例文でも、英語の母語話者の感じ

3　チョムスキーの『言語理論の論理構造』（*Logical Structures of Linguistic Theory*（LSLT））と『統語構造』（*Syntactic Structures*, 1957）に登場する例文です。特に(6)は言語学以外でも有名になり、音楽や詩の題材にもなりました。なお、LSLTは1955年に執筆され（1000ページ）、その一部がチョムスキーの博士論文*Transformational Analysis*（1955）になりました。チョムスキー（Chomsky（1979: 132), 2019年のインタビュー（URLは巻末に掲載））によると、1955年にLSLTの原稿をマサチューセッツ工科大学出版局（MIT Press）に提出したのですが、断られたそうです。その20年後の1975年にプレナム社（Plenum）から出版されました。

方や判断はそれぞれ共通しているのです。(6)と(7)に関する考察は次のようにまとめられます。

⑻　矛盾に満ちた変な意味でも、構文が整っていれば、構文として認識
　　できるし、変な意味だということもわかる。(6)がその例である。

⑼　構文として成立していないと、変な意味の文ということすら分から
　　ないほど、変な文になってしまう。(7)がその例である。

　日本語と英語の事例を通して、前節の最後で触れた帰結が正しいことがわかります。

10.3　語彙項目の種類

　レキシコンに蓄えられた語彙項目は、それぞれの固有の性質を基にして分類されます。分類したそれぞれのグループに与えられた名前が**範疇**（category）です。範疇は**文法範疇**（grammatical category）や**統語範疇**（syntactic category）とも呼ばれることもあります。範疇は学校英文法の**品詞**（part of speech）に対応します。ただ、相違点もあるので注意が必要です。

　例えば、学校英文法ではmy, some, the といった単語は、それぞれ、所有格代名詞、形容詞、冠詞と分類しています。しかし、これらの単語は名詞の前に１つしか使えないという共通点があります。よって、これらの単語は全て**限定詞**（determiner）という範疇にまとめられます。また、代名詞は名詞と同じく、主語や目的語として用いられるという共通点もあることから、名詞の一種であるとも考えられます。

　本章では次の５つの範疇を中心として、文構造を検討します。

⑴　a.　**名詞**（noun, N と略）
　　　　book, cat, computer, he, it, man, mind, she, tree, word など

　b.　**動詞**（verb, V と略）

　　be, give, kick, look, seem, think など

　c.　**形容詞**（adjective, A と略）

　　afraid, big, careless, clean, helpful, old など

　d.　**前置詞**（preposition, P と略）

　　at, between, by, for, in, of, on, since, to など

　e.　**限定詞**（determiner, D と略）

　　a, my, some, that, the, this など

　人間言語であれば、必ず名詞と動詞を備えています。どちらかが欠けている言語はありません。ですから、この2つは範疇の中で最も重要です。それでは、名詞と動詞のどちらがより重要でしょうか。それは動詞です。なぜかというと、第9章の9.5節で考察したように、文の骨組みを決定するからです。学校英文法の5文型は、動詞の性質によって分類されている点を思い出して下さい。

10.4　句の種類

　文構造における最小単位は語彙項目です。そして、最大単位は文です。しかし、この2つの中間には、**句**（phrase）と呼ばれる語彙項目のまとまりがあります。句は文法の仕組みを理解する上で極めて重要です。

　句には中心があり、それは**主要部**（head）と呼ばれます。句の種類は主要部を占める語彙項目の範疇によって決まります。このように、内部にある要素が全体を決定するので、句の範疇は**内心的**（endocentric）です[4]。

　文構造を理解する上で重要となる句は次の3つです（英語の例での太字が主要部です）。

4　「内部に中心要素がある」と理解すると良いでしょう。ブルームフィールド（Bloomfield（1933））の用語で、第5章の5.3節に出てきた**外心的**と対立を成す概念です。

⑴　a.　**名詞句**（noun phrase, NP と略）：the **hotel**（主要部は名詞）

　　b.　**動詞句**（verb phrase, VP と略）：**stay** at the hotel（主要部は動詞）

　　c.　**前置詞句**（prepositional phrase, PP と略）：**at** the hotel（主要部は前置詞）

　⑴の例から、句の中に別の句が生じることがわかります。例えば、⑴bのstay at the hotelは動詞句ですが、その中に⑴cの前置詞句at the hotelがあります。さらに、その中に名詞句the hotelがあります。これは入れ子構造になっています。紙面を節約するため、角括弧を使って⑵のように表わすこともあります。

⑵　[stay [at [the hotel]]]

　次章で考察するように、句は繰り返し現れるので、文の構造は無限に長くなり、複雑になるのです。

10.5　文の基本構造

　同じことを別の概念で見直すことで、新たな発見が得られることがあります。本節では、句という観点から文構造を再検討します。

　学校英文法では、文は主部と述部から成ると考えられています。例えば、⑴は⑵のように分析されます。

⑴　The boy broke a window.

⑵　　文　＝　┌ The boy ┐　＋　┌ broke a window ┐
　　　　　　└ 主部 ┘　　　　└ 述部 ┘

　主部と述部を句という観点から見直すと、主部は名詞句（名詞boyが主要部）、述部は動詞句（動詞brokeが主要部）です。すると、(2)は(3)のように表すこともできます。

(3)
　　文　＝　⌈ The boy ⌉　＋　⌈ broke a window ⌉
　　　　　　⌊ 名詞句 ⌋　　　⌊ 動詞句 ⌋

　手始めに、(3)の構造分析を(4)のような規則にして、これを規則1と呼ぶことにします。Sは文を表すsentenceの頭文字です。規則1は「SはNPとVPに分かれる」（または、「SはNPとVPに展開する」や、「SはNPとVPから成る」）ということを表します[5]。

(4)　S → NP VP（規則1）

　さて、第7章の7.3.2節で学んだ音韻規則は(5)の形式の文脈依存規則でした。書き換えが適用する文脈がコロンの右側に指定されています。

(5)　A → B : X ＿ Y

　しかし、(4)の規則1にはそのような文脈はありません。文脈に左右されず、Sがあれば必ず適用する**文脈自由規則**（context-free rule）です。
　規則1による樹形図が(6)です。例えば、英文(1)の樹形図は(7)となります。(7)の△印は句の内部構造を省略するために用いられます。今の段階では、NPやVPの内部構造は未学習ですので、内部構造を省くために△印を使っています。

5　NやVと異なり、Sは範疇ではありません。また、Sの主要部も明らかでありません。このような問題はあるのですが、説明の便宜上、規則1を仮定して説明を続けます。この問題の解決案については、Chomsky（1986: 2-4）や高橋・福田（2001: 65-73）を参照のこと。

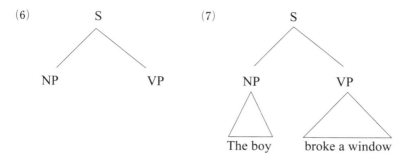

(6)や(7)の樹形図から、次の3つの情報を読み取ることができます。

(8)　a.　**構成素**（constituent）についての情報：Sの構成素はNPとVPである。

　　b.　**語順**（word order）についての情報：NPは左側、VPは右側に現れる。

　　c.　**直接支配**（immediate dominance）についての情報：NPとVPは、Sの直ぐ下にあるので、Sに直接支配されている。

　(8c)の直接支配という概念によって、主部と述部を(9)のように定義することができます。

(9)　a.　主部は、Sに直接支配されるNPである。

　　b.　述部は、Sに直接支配されるVPである。

　この帰結として、主部や述部は根本的概念ではなく、樹形図という構造から導かれる二次的概念であることがわかります。

　さて、(7)のように、文は本当にNPとVPから成るのでしょうか。この点を確認するために、2つの事例を考察しましょう。まず、主部のThe boyを代名詞化（pronominalize）するとき、(10a)のように、これ全体をHeにしなければなりません。Theだけ、あるいは、boyだけを代名詞化すると、(10b, c)のように不自然になります。

⑽　*The boy* broke a window.

　　a.　*He* broke a window.

　　b.　*He boy broke a window.

　　c.　*The *he* broke a window.

　この事実から、代名詞化が適用するのはThe boyのまとまり全体です。「代名詞」は「名詞の代わりをする詞（ことば）」を指すので、そのまとまりは名詞の性質を持っていることもわかります。そのまとまりが、⑺の名詞句NPです。

　また、英語には、前に述べた述部の反復を避けるために、do so（そうする）やdid so（そうした）を使って置き換えができます。（11a）のように、動詞brokeと目的語a windowの両方をまとめてdid soで置き換えるのは可能ですが、（11b）のように、目的語a doorを残して動詞だけをdid soで置き換えることはできません[6]。(11b)は不自然な文になります。

⑾　a.　The boy broke a window, and the girl *did so* too.
　　　　（その少年は窓を割り、その少女もそうした）

　　b.　*The boy broke a window, and the girl *did so* a door.
　　　　（その少年は窓を割り、その少女はドアをそうした）

　この事実から、broke a windowやbroke a doorがまとまりを成していることがわかるだけでなく、過去時制を表すdidが用いられていることから、そのまとまりは動詞の性質を持っていることもわかります。そのまとまりが、⑺の動詞句VPです。

　次章では、⑿の4つの句構造規則を説明します。規則1については既に説明しました。丸括弧は、「囲まれた要素がある場合もあるし、無い場合もある」ことを示しています。つまり、囲まれた要素は**随意的**（op-

---

6　(11b)の日本語訳も不自然に感じられます。英語のdo soと同じく、日本語の「そうする」もVPを置き換える働きがあると考察されています。岸本（2009: 96）を参照。

tional）な要素です[7]。髭括弧は「上の要素か、下の要素のいずれか」を示します。

⑿　規則 1 ：S　　　→　NP VP
　　規則 2 ：NP　　→　（D）N（PP）
　　規則 3 ：PP　　→　P NP
　　規則 4 ：VP　　→　V $\left\{ \begin{array}{c} \text{(NP) (PP)} \\ \\ S \end{array} \right\}$

　規則 1 は文（S）の基本構造です。規則 2 は名詞句（NP）の構造、規則 3 は前置詞句（PP）の構造、そして、規則 4 は動詞句（VP）の構造を導く規則です。次の章で、規則 2 から具体的に説明します。

7　optionalは「任意的」とも訳されます。反意語はobligatory（義務的）です。

第11章　文構造の分析

11.1　句構造規則

前章の最後に、(1)の4つの句構造規則を示しました。

(1)　規則 1 ：S　　→　NP VP
　　　規則 2 ：NP　→　(D) N (PP)
　　　規則 3 ：PP　→　P NP

　　　規則 4 ：VP　→　V $\left\{ \begin{array}{c} \text{(NP) (PP)} \\ \\ \text{S} \end{array} \right\}$

　　規則1は文の基本構造を導く規則です。規則2は名詞句の構造、規則3は前置詞句の構造、そして、規則4は動詞句の構造を導く規則です。説明の便宜上、「規則2→規則3→規則2→規則4→規則1」という順序で説明します。

11.2　名詞句の構造（その1）

　　規則2が導く名詞句の具体例は(2)と(3)です。ただし、前置詞句PPの構造は未学習なので、本節ではPPの内部構造は示さず、樹形図では△を使っています。

(1)　規則2：NP　→　(D) N (PP)

(2)　books（随意的なDとPPが無く名詞Nのみ）

(3)　a.　<u>the</u> books（限定詞と名詞から成る）

　　　b.　books <u>in the library</u>（名詞と前置詞句から成る）

　　　c.　<u>the</u> books <u>in the library</u>（限定詞と名詞と前置詞句から成る）

　(2)の樹形図は、(4)のようになります。(1)では、限定詞Dと前置詞句PPは丸括弧で囲まれているので、随意的です。そのため、丸括弧の下に単語はありません。このような場合、NPから伸びる枝線と丸括弧の構成素を省いて、(b)のように樹形図を描きます。

(4)　a.　　　　　　　　　　　　　　b.

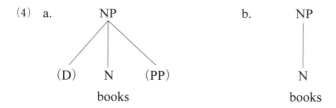

　(3a)から(3c)の樹形図は、それぞれ(5)から(7)です。この場合も、(5a)の樹形図ように、丸括弧の下に単語が無い時は、NPから伸びる枝線と丸括弧の構成素を省いて、(5b)のように樹形図を描きます。(6)と(7)のPPの内部構造は次節で学びますので、△を使っています。

(5)　a.　　　　　　　　　　　　　　b.

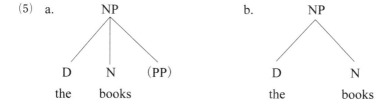

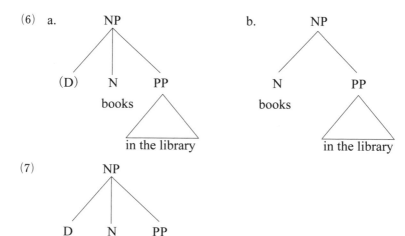

(6) a. 〔図〕　　b. 〔図〕

(7) 〔図〕

11.3　前置詞句の構造

　(1)の規則３が導く前置詞句PPの例は(2)です。前置詞Pの後には名詞句NPが続くので、丸括弧はありません。

(1)　規則　３：PP　→　P NP
(2)　a.　in buildings（前置詞の後のNPには主要部Nしかない）
　　　b.　in the buildings（前置詞の後のNPは限定詞Dと主要部Nから成る）

　規則３のNPに規則２が適用します。(2a)のNPと(2b)のNPの樹形図は、（それぞれ11.2節の(4b)と(5b)を参考にすると）(3a)と(3b)になります。なお、わかりやすくするために、点線の丸で規則２が適用していることを表しました。

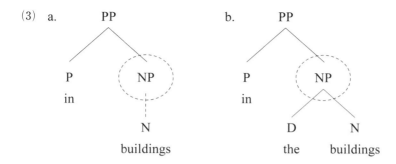

11.4　名詞句の構造（その2）

11.2節では規則2を検討して、名詞句NPの樹形図を描きましたが、前置詞句PPの内部構造は未学習でしたので描きませんでした。11.3節でPPの構造を学んだので、NPの構造をより詳細に描く準備が整いました。

(1)　規則2：NP　→　(D) N (PP)

例えば、(2a)と(2b)は、どちらも「図書館にある本」という意味ですが、樹形図はそれぞれ(3a)と(3b)になります。

(2)　a.　books in the library　(＝11.2節の(3b))
　　　b.　the books in the library　(＝11.2節の(3c))

まず、一番上のNP₁に規則2が適用して、次に（わかりやすくするために点線で囲んだ）PPに規則3が適用します。さらに、PPの中のNP₂に再び規則2が適用します。

(3) a.
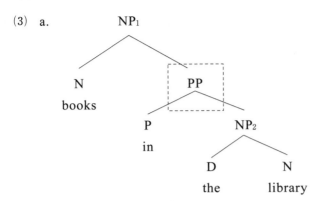

b.
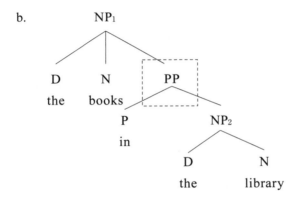

　ここで、樹形図を描く練習問題を２つ解いてみましょう。第１問は、(3b)を参考にして、(4)の樹形図を描く問題です。

(4)　the girl in the restaurant（レストランにいる少女）

　第２問は、規則２と規則３を使うと、樹形図がいくつ描けるかという問題です。

　まず、第１問の答えは次の通りです。

(5)

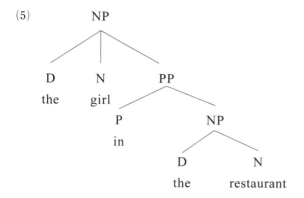

　次に、第2問ですが、答えは「無限」です。というのも、NPの中に PPが現れて、その中に再びNPが現れるからです。つまり、規則2と規 則3は繰り返し適用するので、際限なく長いNPになるのです。そのた め、樹形図の数も無限になります。

　もちろん、実際には、(6)のようにNPの中には多くてもPPが3つ並ぶ 程度でしょう。

(6)　I saw the girl in the restaurant of my hotel in London.

　しかし、理論上はPPとNPが何度も繰り返して現れるので、限りなく 長いNPを作れるのです。これが人間言語の創造性（＝生産性）という 特質を説明する手立てとなります。

11.5　動詞句の構造

　動詞句VPの構造を導く規則4ですが、上段のVP → V（NP）（PP）を 先に検討し、次に、下段のVP → V Sを検討することにします。

(1)

規則 4：VP → V $\left\{ \begin{array}{c} \text{(NP)　(PP)} \\ \\ \text{S} \end{array} \right\}$

　まず、上段のVP → V（NP）（PP）から得られるVとNPとPPの組み合わせは、(2)のようになります。

(2) a. VPにNPもPPも現れない場合。このとき、VPは主要部Vだけから成る。

b. VPにNPだけが現れる場合。このとき、VPはVとNPから成る。

c. VPにPPだけが現れる場合。このとき、VPはVとPPから成る。

d. VPにNPとPPの両方が現れる場合。このとき、VPはVとNPとPPから成る。

　(2a)から(2d)のそれぞれに対応するVPは、次の(3a)から(3d)の斜体字になります。それぞれの樹形図は(4a)から(4d)です。

(3) a. He *died.*（VPに主要部Vだけがある例）

b. The boy *broke a window.*（VPにNPだけがある例）

c. The girl *came to the party.*（VPにPPだけがある例）

d. He *put a key on the table.*（VPにNPとPPがある例）

(4) a.

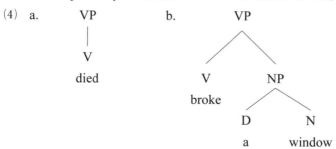

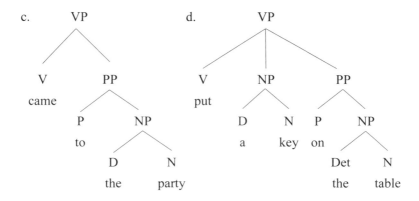

次に、規則4の下段のVP → V Sを検討しましょう。この動詞句VPの構造を持つ具体例は(5)です。また、その樹形図は(6)になります。Sの樹形図は次節で確認するので、Sの内部構造は△を使って省略します。

(5) The boy *thinks she came to the party.*

(6)

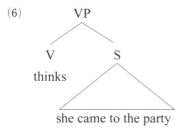

11.6 文の構造

やっと、S（つまり、文）の内部構造を細部まで表せる段階に辿り着きました。11.1節の(1)に記した4つの規則（(1)として再掲）を使って、11.5節の(3)に例示した4つの英文（(2)として再掲）と(5)の英文（(3)として再掲）の樹形図を描いてみましょう。

(1) 規則 1 : S   →   NP VP

     規則 2 : NP   →   (D) N (PP)

     規則 3 : PP   →   P NP

     規則 4 : VP   →   V $\left\{ \begin{array}{c} \text{(NP) (PP)} \\ \\ \text{S} \end{array} \right\}$

(2) a. He died.

     b. The boy broke a window.

     c. The girl came to the party.

     d. He put a key on the table.

(3) The boy thinks she came to the party.

　(2a)から(2d)の樹形図はそれぞれ(4)から(7)に、(3)の樹形図は(8)になります。

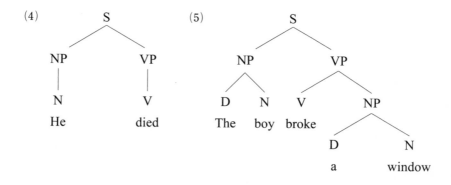

(6)

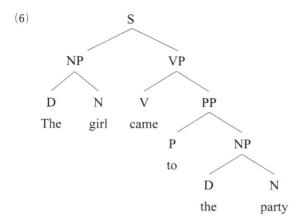

(7)

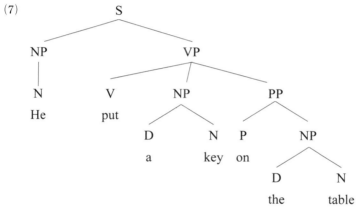

(8)

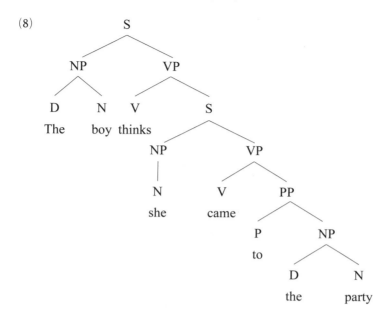

11.7 創造性と構造依存性

　前節で、４つの句構造規則によって生成される文構造を概観しました。これに関連した、以下の３点に着目してみましょう。

　まず、人間言語には、表現が極めて生産的に、創造的に作られるという特性があり、これは**創造性**（または、**生産性**）と呼ばれます。句構造規則はこの特性を捉えています。

　すでに指摘したように、規則２と規則３は繰り返し適用するので、NPの構造は無限にあります。同様のことが規則１と規則４にも言えます。規則１による Sの構成素としてVPがあり、規則４によるとVPの構成素としてSがあるからです。規則１と規則４も無限に繰り返し適用するので、Sの構造は無限に広がります。

　以上の考察は次のようにまとめることができます。有限個の（つまり、数に限りがある）規則と語彙項目を使って英語の文は（数と長さにおい

て）無限に作られます。この特性は**離散無限**（discrete infinity）と呼ばれます。つまり、連続的ではない、（一つひとつ数えることができる）離散的な有限個の単語を結合して、その操作を無限に繰り返すことによって無限に言語表現を作り出すのです。ですから、人間言語の仕組みの中心は、離散無限のシステムと見なすことができます[1]。

　また、句構造規則は人間の言語の**構造依存性**（structural dependency）という特性も捉えています。例えば、10.5節の(10)と(11)の議論では、Sを構成するNPとVPはそれぞれまとまりを成した構成素であることを確認しました。その際、代名詞化やdid soでの置き換えという文法操作が、それぞれNPやVPという構成素に適用することを考察しました。このように、人間言語の文法操作はまとまりを成した構成素に適用します。これが構造依存性です。もう一つ、例を挙げましょう。

　(1)のように、Yes/No疑問文を作るとき、主語Heとbe動詞の語順を入れ替えます[2]。その入れ替えは語順（単語の並び）に着目して、「文頭から1番目と2番目の単語を入れ替える」と定義できそうです。

(1)　a.　He was arrested for fraud.（彼は詐欺で逮捕された）

　　　b.　Was he arrested for fraud?（彼は詐欺で逮捕されたの？）

　しかし、語順に着目したこの定義に従うと、(2a)から(2b)のような非文法的な疑問文を派生してしまい、(2c)の疑問文を派生できません。

(2)　a.　The man was arrested for fraud.（その男は詐欺で逮捕された）

　　　b.　*Man the was arrested for fraud?

　　　c.　Was the man arrested for fraud?（その男は詐欺で逮捕されたの？）

1　チョムスキー（2012: 1, 11）を参照のこと。
2　この入れ替えは**主語・助動詞倒置**（Subject-Aux Inversion）と呼ばれます。

　これまでの説明で確認したように、文構造においては、(1a)の主語
Heも(2a)の主語The manも名詞句NPです。ですから、(2b)の派生を阻
止し、(1b)と(2c)の疑問文を無事に派生するためには、Yes/No疑問文
を作る規則として、「主語NPとそれに対するbe動詞を入れ替える」と定
義する必要があります[3]。つまり、文法操作は語順ではなく、文の構造に
基づく必要があるのです。

11.8　構造と意味と発音の関係

　ここで、10.1節の最後に導いた3つの予測(3)を思い出してください
((1)として再掲しました)。

(1)　a.　構造が発音に影響する。
　　　b.　構造が意味解釈に影響する。
　　　c.　発音と意味解釈に構造が介在した対応関係がある。

　第8章の8.1.1節の(4)に関する構文上の多義性から、3つの予測が正
しいことが確認できます（8.1.1節の(4)を(2)と(3)に分けて再掲しました)。
まず、(2)の英文は、(3a)と(3b)の2つの意味があるので多義的です。

(2)　John saw a man with binoculars.
(3)　a.　ジョンは双眼鏡をもった男を見た。
　　　b.　ジョンは双眼鏡で男を見た。

　(2)が(3a)と(3b)のどちらの意味になるかは、構造（具体的には、句構
造規則を基にした樹形図）に応じて決まります。(2)の英文には前置詞句
PPのwith binocularsがありますが、規則2によると、このPPは名詞句
NPの構成素であり、主要部Nのmanを修飾します。具体的には、(4)の

3　ここでは議論をわかりやすくすることを優先して、大雑把な定義を示しています。

構造となり、a man with binocularsは、(3a)の「双眼鏡をもった男」を
意味します[4]。

(4)
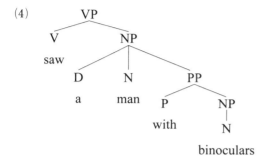

　ところが、規則4によると、このPPは動詞句VPの構成素にもなれま
す。その場合の樹形図が(5)です。

(5)
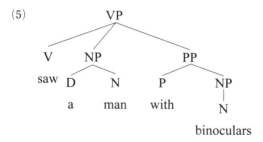

　この場合のwith binocularsは、(3b)の「双眼鏡で」という意味になり、
見た時に使った道具や手段を表します。(4)と(5)の説明から、(1b)の予
測「構造が意味解釈に影響する」が正しいことがわかります。
　また、第8章の8.1.1節の(5)で考察したように、(2)の多義性はポーズ
（音声休止）の位置で解消できます。例えば、(6)のように発音すれば、

4　(4)のNPは11.4節の樹形図(5)に対応し、次の(5)は11.5節の樹形図(4d)に対応します。

(2)は(3a)の意味になります[5]。

(6)　John saw / a man with binoculars.

　　動詞sawの直後にポーズを置いて、a man with binocularsを一気に発音すれば、2者を分ける区切り目の合図になります。構造において、sawとa man with binocularsが分かれていることを表す樹形図は(4)です。これは、(3a)の意味「双眼鏡をもった男」を表す構造でもあります。
　　ところが、ポーズを(7)のように置くと、(3b)の意味になります。

(7)　John saw a man / with binoculars.

　　John saw a manまでを一気に発音してポーズを置くと、a manとwith binocularsを分ける区切り目の合図になります。構造において、a manとwith binocularsが分かれていることを表す樹形図は(5)です。これは、(3b)の意味「双眼鏡で見た」を表す構造でもあります。
　　上記の説明から、(1a)の予測「構造が（ポーズの位置という）発音に影響する」だけでなく、(1c)の予測「発音と意味解釈に構造が介在した対応関係がある」も正しいことがわかります。まとめると、(1)の3つの予測の基礎となった、第10章の10.1節の(1)の分析を裏付ける結果となりました（10.1節の(1)は(8)として再掲しました）。

(8)

レキシコン
↓
シンタックス（句構造規則と移動）
↙　転送　↘
音声形式部門　　　論理形式部門

5　例文中の斜線はポーズを表します。

第12章　コーパス言語学

12.1　コーパスとは何か

　コーパス（corpus, 複数形corpora）とは、新聞、雑誌、本などで実際に使われた英文や、会話を文字化して大量に集めて、コンピュータで検索して調べられるようにしたデータベース（資料集）のことです。ラテン語でbody（身体）を指す語に由来し、文書や書物を集めたものという意味では18世紀初頭、上述の新しい意味では20世紀中頃から使われ始めました。

　英語のコーパスを分析することで、英語がどう使われているのかという実態が明らかになります。そのため英文法や語法研究だけでなく、英語の辞書編纂でも活用されています。英語学習や英語教育にも利用できますし[1]、これまで紹介してきた各研究分野でもコーパスは活用されています。

　ただし、投野（2006: 9-14）によると、コーパスは次の3つの条件を満たすことが必要です。

(1)　第1の条件：特定の目的を持って収集されたテキストの集合体であること。
　　　第2の条件：実際に使用された言葉（本章では英語を指します）の記録であること。
　　　第3の条件：電子化されてコンピュータで処理可能であること。

1　本章は英語学研究でのコーパス活用を中心に説明します。英語学習でのコーパス活用に関しては今井（2020: 81-127）を、英語教育に関しては赤野・他（2014）、投野（2015）、中村・堀田（2008）などを参照のこと。

　第1の条件の「特定の目的」に応じて、様々なコーパスがあります。例えば、現代英語の実態調査であれば、その目的にかなうコーパスになります。頻繁に言及される現代英語のコーパスとして、1億語から成るイギリス英語のコーパスBNC（British National Corpus）や、約10億語から成るアメリカ英語のコーパスCOCA（Corpus of Contemporary American English）があります。

　アメリカ英語の歴史変化の分析・研究が目的であれば、過去約200年の変遷が調査できる、約4億語から成るCOHA（Corpus of History of American English）があります。また、古い英語文献をコーパスにしたものもあります[2]。

　母語習得の過程にある幼児の発話を収集したコーパスもあります。その代表がCHILDES（Child Language Data Exchange System）です[3]。

　また、英語を学習している（日本語を母語とする）生徒や学生の英語を収集した学習者コーパスもあり、英語教育に活用されています[4]。例えば、JEFLL（Japanese EFL Learner）やNICE（Nagoya Interlanguage Corpus of English）があります。アジア圏の英語学習者を調査対象としたICNALE（International Corpus Network of Asian Learners of English）もあります。

　もちろん、日本語のコーパスもあります。現代日本語のコーパスとしては、「中納言」が有名で、研究での活用が広まっています[5]。

　さて、コーパスには文字情報だけでなく、これ以外の情報も収められています。例えば、それぞれの単語にタグ（tag）と呼ばれる、品詞や統語構造に関する情報が付けられています。be動詞を例にすると、原形（つまり、辞書の見出し語）はbeですが、実際の英文では主語の人称や数と時制などに応じて、(2)のような語形で使われます。

2　歴史コーパスについては、大門・柳（2006）を参照のこと。
3　1984年にBrian MacWhinneyと Catherine Snow によって始められた非営利の研究プロジェクトです。
4　投野（2015）を参照のこと。
5　仲俣（2021）を参照のこと。

⑵　am, are, is（現在形）、was, were（過去形）、been（過去分詞）、
　　being（現在分詞・動名詞）、be（不定詞）

　　例えば、be動詞の使用実態を調べるためには、Googleなどで検索す
ることも可能です。しかし、⑵に挙げた語形変化に応じて、一つずつ調
べる必要があります。また、Googleの調査で得られた事例が、果たし
て英語母語話者によるものなのか保証がありません。また、イギリス英
語なのか、アメリカ英語なのかといった点も明らかにする必要がありま
す[6]。

　　しかし、コーパスは母語話者の英語であることが保証されていますし、
資料の種類や分野（例えば、話し言葉なのか、書き言葉なのか）などに
ついても予めわかっています。

　　また、⑵のbe動詞全てが原形のbeを元にしているという情報を持って
います。ですから、これを手掛かりに一度に調査ができます。例えば、
アメリカ英語のコーパスCOCAでのトップ11のbe動詞が⑶です[7]。

⑶　1　is　　10,093,270　　　7　're　　1,957,993
　　2　was　　6,847,655　　　8　been　1,873,959
　　3　's　　6,302,468　　　9　'm　　1,716,211
　　4　be　　5,047,216　　　10　being　711,543
　　5　are　　4,983,441　　　11　am　　　448,450
　　6　were　2,378,505

　　⑶から３人称単数のis、was、'sの３つがよく使われていることが分か
ります。合計42,370,647件の約半数です。１人称現在はamでなく、アポ
ストロフィを使って'mとなる方が多いことも分かります。

　　同じbe動詞を、上述したアメリカ英語の歴史コーパスCOHAを使う

6　とは言っても、精度を上げるための方法はあります。例えば、衣笠（2010, 2014）
　を参考にして下さい。
7　2020年９月17日の調査です。

と、別の観点から興味深いことがわかります。例えば、現在に至るにつれて's、'm、'reなどの縮約形の使用数が増えていることなどが一瞬で判明します。

もともとコーパスは資料集ですので、これをコンピュータで検索調査するためには、分析ツール（つまり、アプリ）が必要となります。コーパス用の分析ツールは**コンコーダンサー**（concordancer）と呼ばれます。ですから、コーパス調査研究には、パソコン（コンピュータ）、コーパス、コンコーダンサーの3つが最低でも必要になります。

最近ではインターネットを通してコーパスを利用できるようになり、普及しています[8]。例えば、コンコーダンサーの機能を組み込んだインターネットのサイトがあり、English-Corpora.orgが有名です[9]。BNC、COCA、COHAなど複数のコーパスの調査が可能となっています。(3)の調査は、このサイトを利用して行いました。また、日本語表記のサイトとしては小学館コーパスネットワーク（有料）があり、BNCを含めた複数のコーパスの調査が可能です[10]。

コーパスの使い方は、文献を読んだり、講習会に参加したりして学ぶことができます。また、最近ではインターネット上の動画サイトを通して学ぶことができます[11]。

初心者向け文献としては、投野（2006）や衣笠（2010, 2014）などがあります。また、例えば、研究社Webマガジン「リレー連載　実践で学ぶ　コーパス活用術」などのネット記事も有用です。大学や大学院での授業を聴講して学ぶことも可能な場合がありますが、英語コーパス学会

8　本章で紹介するサイトのURLは巻末にまとめてあります。

9　Brigham Young UniversityのMark Davies博士によって整えられています。2020年9月の時点で、有料版は1年の個人契約で30ドル（約3,300円）です。長谷部（2020）は未刊ですが、参考になります。

10　2020年9月の時点で、小学館コーパスネットワークは1年契約で15,000円（税抜）です。2021年9月から翌年2月まで、インターネットを通して使い方の講習会が無料で行われました。

11　例えば、Googleなどの検索エンジンを使う場合、COCAだけだと清涼飲料水がヒットしますので、corpusなど複数のキーワードを使って調べることをお勧めします。

などの学会や研究会が初心者向けの講習会を開催することもあります[12]。

　上述した幼児の発話コーパスCHILDESは、ウェブサイトからダウンロードして利用できます。英語のみならず日本語など複数の言語資料が活用できることから、言語習得の研究で活用が進んでいます。初心者向けの文献としては、MacWhinney監修・宮田編集（2004）や上述した研究社Webマガジンがあります。また、学会や研究会などで講習会が開催されることもあります。

12.2 研究の歴史

12.2.1 萌芽期

　大規模コーパスの開発や研究の歴史を概観してみましょう。まず、先駆的なものとしては、ブラウン・コーパス（Brown Corpus, 正式名 Brown University Standard Corpus of Present-day American English）があります。1961年から1964年にかけて作成され、アメリカ英語約100万語を収録しています。

　1967年の梶田優の博士論文「現代アメリカ英語における準助動詞の生成変形研究」（*A Generative-Transformational Study of Semi-Auxiliaries in Present-Day American English*（Princeton University））は、日本人として初めて本格的にブラウン・コーパスを活用した研究です[13]。

　ブラウン・コーパスに対応するイギリス英語のコーパスが、1978年に完成したLOBコーパス（LOB Corpus, 正式名The Lancaster-Oslo/Bergen Corpus of British English）です。

　その後も様々なコーパスが整えられ、1980年代からコーパス言語学に関する論文が急速に増えました[14]。例えば、古英語や中英語の文献をコーパス化したものが言語変化の研究で活用され、1990年代には通時言語学

12　予算がない、登録が面倒だという方のために、無料のGoogleを使った英語調査もある程度可能です。具体的な方法は、衣笠（2010, 2014）などを参考にして下さい。

13　1968年に三省堂から出版され、市河三喜賞を受賞しました。

14　McEnery and Wilson（1996: 18）を参照のこと。

の発展に貢献しました[15]。

　日本では、1993年に英語コーパス研究会が創設され、４年後の1997年に英語コーパス学会へと発展し現在に至っています。個人で利用できるパソコンの普及もあって、コーパス言語学の勢いは増していると言えるでしょう。

12.2.2　生成文法との違いと融合

　コーパスという新しい研究手段によって、言語研究の幅が広がったのは間違いありません。しかし、どのような立場に根ざして何を研究するかという相違によって、学問上の確執が生じることもあります。以下、２つの観点から生成文法とコーパス言語学を比較しましょう。

　１つ目は、研究対象に関する違いです。第１章の1.4.5節では、生成文法の提唱者のノーム・チョムスキーの考えを概観しました。言語を直接観察が可能な外在化した言語（Externalized Language, E言語）と、その背後にある脳や心に内在化した言語（Internalized Language, I言語）に分けた上で、生成文法の研究対象はE言語ではなくI言語であると明言しています。これに対して、コーパス言語学の研究対象はE言語となります。

　また、チョムスキーは、構造言語学が行なっていた厳格な客観主義のもとでのデータ分類（taxonomy）は科学の本質的な仕事ではないとして、懐疑的な態度を示してきました[16]。それとコーパスの分析を重ね合わせて、批判的な発言もしています[17]。

　２つ目は母語話者の言語直感（linguistic intuition）関わることです[18]。人間言語には創造性（creativity）という特徴があるので、E言語に可能な表現全てが含まれるとは限りません。そこで、生成文法では母語話者（主に言語学者）の言語直感（linguistic intuition）を拠り所として研究

15　大門・柳（2006）を参照のこと。
16　2022年３月１日に公開されたジェイムズ・マッケルヴェニー（James McElvenny）とのインタビューでも、この点を論じています。URLは巻末を参照のこと。
17　例えば、Chomsky（2012b: 19）を参照のこと。
18　滝沢（2017: 16–17）も参照のこと。

が行われます。

　しかし、例えば、英語の母語話者は、ある表現に関して尋ねられたとき、自分の言語直感をもとに、「自分は使わない、不自然な表現だ」と答えたとしても、無意識のうちに自分で使っていることがあります[19]。コーパス言語学の立場から見ると、母語話者の言語直感は当てにならないので、実際に使われた言語表現（つまり、コーパス）の方が母語話者の言語能力を反映しているので、これこそが研究対象だ、となります。

　しかし、既にチョムスキーはこの問題に気づいていました。1965年の『統語理論の諸相』（*Aspects of the Theory of Syntax*）の第1章の第1節で、次のように述べています[20]。私が下線を引いた箇所に注意して下さい。

(1)　Any interesting generative grammar will be dealing, for the most part, with mental processes that are far beyond the level of actual or even potential consciousness; furthermore, <u>it is quite apparent that a speaker's reports and viewpoints about his behavior and his competence may be in error.</u> Thus a generative grammar attempts to specify what the speaker actually knows, not what he may report about his knowledge.（p.8）

(2)　真に興味深い生成文法であれば、どのようなものであっても、その大部分は、現実に意識されているレベル、あるいは意識可能なレベルさえも超えた心的プロセスを扱うことになるであろう。さらに、<u>話者が自分の言語行動や言語能力に関して行う報告や見解が間違っているかも知れないということは明らかである。</u>したがって、生成文法は、話者が自分の言語知識について語るかも知れないことではなく、話者が実際に知っていることを明示的に述べようとするのである。（『チョムスキー言語基礎論集』p.103）

19　これは日本語でも同じです。「『全然』＋肯定」表現は間違っていると論じる人が、「そのような言い方は全然間違っています」と、使ってしまうことがあるでしょう。
20　(2)は(1)の日本語訳です。

　また、コーパスに対する見方を変えると異なる結論が得られます。例えば、ありのままの発話を取り入れるために、コーパスには多種多様な質のデータが混在しています。例えば、言い間違いや個人差がある表現なども含まれます[21]。それを全て考察対象として正確な一般化ができるのか、究極的には人間の言語能力の核心の解明に寄与するのかという疑問です。

　確かに、生成文法とコーパス言語学には立場の違いがあるかも知れません。ただ、「どちらが優れているということはない」と考えて[22]、補完的に取り入れながら研究を行うことも可能です。例えば、舘（1998）は、生成文法での分析にコーパスを活用する研究活動を紹介しています。また、滝沢（2017）や深谷・滝沢（2015）が紹介するように、コーパス言語学を基盤とした英文法や語法の研究も成果を収めています。

　最後に、原田（1969）の書評を紹介しましょう。原田は、1968年に出版された梶田優の博士論文の書評の最後で、次のように述べています。

⑶　また梶田氏は百万語にのぼる電子計算機用の資料、十数冊の書物、五人のインフォーマントという豊富なデータをうまく処理し、これを緻密な論理で分析している。そこで本書は変換文法を用いてnon-native tongueを研究する際の手本としても裨益する所が大きいであろう。（p.108）

　研究の目的や必要性に応じて、文献調査だけでなくコーパスを利用することがあるでしょうが、場合によっては英語母語話者の直感に頼る必要性も出てきます。コーパス分析と英語母語話者の直感を組み合わせることで研究の精度を高めることができるからです。原田の書評から、Kajita（1967, 1968）はコーパス言語学の萌芽期にその良い見本を示していたことが窺えます。

21　生成文法の初期から問題視されていました。Chomsky（1965: 3）を参照のこと。
22　中郷（1999: 200）も参照のこと。

12.3 コーパスからわかること

コーパス研究から何がわかるのでしょうか。例えば、英語学習者が抱きそうなに次の疑問に答えることができます。

(1) 疑問1：一番よく使う英単語は何でしょうか。
(2) 疑問2：覚えて得する英単語は何でしょうか。
(3) 疑問3：学校で習う英語でも大丈夫でしょうか。

コーパスを調べると、一番よく使われる英単語は一目瞭然です。例えば、投野（2006: 30-32）は、イギリス英語のコーパスBNCの頻出単語トップ100を紹介しています。その中からトップ30の単語を(4)に載せました。さて、第1位から第3位は空欄になっていますが、どんな英単語だと思いますか。

(4)
1. ( )	11. for	21. not
2. ( )	12. I	22. this
3. ( )	13. that（接続詞）	23. but
4. and	14. you	24. from
5. a	15. he	25. they
6. in	16. on	26. his
7. to（to不定詞）	17. with	27. that（限定詞）
8. have	18. do	28. she
9. it	19. at	29. or
10. to（前置詞）	20. by	30. which

実は、第1位の英単語は冠詞the、第2位は動詞be、第3位は前置詞ofです。

(4)の30の単語からわかるように、全てが中学校で習う基本単語です。

残りの70を加えたトップ100を見ても同じです。つまり、一番よく使われる英単語は基本語なのです。これが疑問１への答えです。

　中学校で習うレベルの基本語は、全ての英単語の中でも特によく使われるので、覚えて損をすることはありません。間違いなく役に立つでしょう。これが疑問２への答えです。

　中学校で習う英単語に損はないので、中学校で習う英語に不安を抱く必要はありません。大丈夫です。これが疑問３への答えです。

　そうは言うものの、次のような疑問を持つ人も当然いるでしょう。

(5)　疑問４：トップ100と言うけど、100語を覚えても、この数では少な
　　　過ぎて困るのではないですか。

　ところが、100語の英単語でも軽視できません。BNCの１億語の中の1,000万語が話し言葉ですが、投野（2006: 53）によると、トップ100語はその67%を占めるのです。極端な言い方をすれば、トップ100語を使いこなせたら、日常会話の約７割は大丈夫なのです。これは驚くべき数値です。

　ちなみに、トップ2,000語のレベルになると、話し言葉1,000万語の92%を占めることになります。高校１〜２年生レベルの英単語で日常会話の約９割は大丈夫ということです。これまた驚くべき数値です。

　これにはいくつか理由があります。まず、１つの英単語に中心的な意味だけでなく、それから派生する多くの意味があります。また、複数の語を組み合わせて様々な意味の表現を表すことができます。例えば、基本動詞putの根本的な意味は「置く」ですが、この中心意味の周辺には、「状態にする、記入する、表現する、述べる、翻訳する」などがあります。

　また、putに前置詞や（方位を意味する）副詞を組み合わせると、put away（片付ける）、put off（延期する）、put on（身に着ける）、put out（消す）などの表現を作ることができます。つまり、基本語同士の組み合わせで表現を増やすことが可能なのです。ですから、2,000語の英単

語でも、様々な意味や表現法があるので、日常会話の9割という高い数値になるのです。

　最後に、再び「学校で習う英語は大丈夫でしょうか」という(3)の疑問を、構文の面から考えてみましょう。

　私が中学1年生のときに、英語の教科書で初めて習った表現の一つがThis is a pen.（これはペンです）でした。5文型の分析では、SVCの第2文型です。

　ところが、最近の中学1年生用の英語の教科書では、「I'm + 名前」（僕は〜です）といった自己紹介の表現が最初に登場します。これもbe動詞を使った第2文型です。しかし、実際の会話で使えるので、はるかに便利です。つまり、「実際の会話で使える」ことも意識して今の教科書は作られているのです。

　イギリス英語のコーパスBNCを使って、それぞれの表現が使われる**言語使用域**（register）を調査してみると興味深いことがわかります。「this is a + 単数名詞」は主に書き言葉で使用され、「I'm + 固有名詞」や「I am + 固有名詞」は主に話し言葉で使われます。

　つまり、同じ文型であっても、最近の英語教科書は話し言葉という実用性も考慮しながら、掲載する表現や構文を選んでいるのです。これらのことから、英語教科書は役立つ学びの道具と言えるでしょう。

12.4　コーパスを活用した研究

　コーパス活用の事例として3つの研究を紹介しましょう。具体的には、コーパスを使って文法上の仮説の検証ができること、（単語を成す）形態素の使用実態も分析できることを紹介します。

12.4.1　Whomは使われなくなるのか
　最初に紹介するのは、whomに関する研究です。目的格の疑問詞や関係代名詞としてwhomは使われます。しかし、whomに代わってwhoを

用いることも可能です。

　例えば、英和辞典『ジーニアス』には、「whomは堅い書き言葉での
み使い、それ以外ではwhoを使う」（p.2391）と記されていますし、
『スーパー・アンカー』でも、「《インフォーマル》では通例whomの代
わりにwhoを用いる」（p.2042）とあります。

　実は、アメリカの著名な言語学者エドワード・サピア（Edward Sa-
pir）が、1921年の著書で、200年もすればwhomを使う人はいなくなる、
という予測をしました[23]。

　サピアが予測した年から約100年が経った現在、果たしてwhomが使
われなくなる予兆はあるのでしょうか。この疑問をLindquist（2010）
はコーパスを使って検証しました。具体的には、『タイム誌』（Time）
をコーパスにしたTime Corpusを調査したのです。その結果の一部が(1)
です[24]。

(1)　年代と100万語あたりのwhomの頻度数
　　　1920s : 262.7　　　　1970s : 152.6
　　　1930s : 264.8　　　　1980s : 134.8
　　　1940s : 177.4　　　　1990s : 153.3
　　　1950s : 138.4　　　　2000s : 140.3
　　　1960s : 154.5

　確かに、サピアが予測をして20年が経った1940年代には、whomの使
用数が急激に減ります。ところが、一旦減るとそれ以上は変化しなくな
り、使用頻度は安定して2000年代に至っていることが分かります。

　実は、whomについてCOHA（Corpus of Historical American English）
というアメリカ英語の歴史的な変遷を調べるためのコーパスからも、同
様の事実が伺えます[25]。

23　*Language: An Introduction to the Study of Speech*（『言語—ことばの研究序説』）
24　説明をわかりやすくするために、Lindquist（2010）から数値のみを引用しました。
25　私自身の調査で、2020年9月3日に実施しました。

(2)　年代と100万語あたりのwhomの頻度数

1920s: 25.7	1970s: 23.8
1930s: 24.6	1980s: 25.3
1940s: 24.3	1990s: 27.9
1950s: 24.5	2000s: 29.6
1960s: 24.0	

　(2)でも1920年代から1930年代にかけてwhomの仕様頻度が若干減っています。しかし、近年に至る直前ではむしろ増加に転じていることがわかります[26]。

　まとめると、確かにwhomは100年前ほど使用されなくなったかも知れません。しかし、近年の頻度数から、あと100年経てばwhomが全く使用されなくなると結論づけることは時期尚早であると言えるでしょう。

12.4.2　関係代名詞whichの独立用法

　次に紹介するのは、関係代名詞として用いられるwhichに関する研究です。Whichはもともと疑問詞でしたが、関係代名詞としては中英語初期の12世紀から使われ始めました。

　現代英語では、(3)のように非制限用法で、先行する内容をwhichが受けることがあります。whichの直前のコンマにご注意ください。

(3)　He said he was ill, which was not true. （彼は病気だと言ったが、それは事実ではなかった）（『コアレックス』p. 1928）

　興味深いことに、辞書の中には、コンマが省かれ「which以下が独立文になることもある」と記したものもあります。その例が(4)です。

(4)　I'll tell you everything I can. Which I wouldn't do for anyone. （あなたには知っていることすべてをお話ししましょう。そういうことは

26　なお、現代アメリカ英語のコーパスCOCAでも同様の傾向がありました。

ほかの人にはしないんですがね）（『コアレックス』p.1928）

　この事実に着目したのが滝沢（2001）の研究です。彼はBoE（The Bank of English）[27]というコーパスを調査し、どのような場合に、which以下が独立文になるのかという点を明らかにしようと試みました。

　調査結果の概略を2つにまとめると、①which以下が独立文になる場合は、その文の動詞として特定の語彙が使われる傾向があり、②談話的機能としては、話題の転換、帰結や理由の提示、話題の明示的表示など、特定の機能があること、が明らかになりました。

　①について説明を加えると、BoEにあった（which以下が独立文になる）事例の7割で(5)の動詞が使われていることが判明しました。(5)の動詞の語順は頻度順です。

(5)　brings, means, makes, meant, leads, leaves, begs, explains, reminds

　これに対して、BoEにあった（「コンマ＋which」を使った(3)のような）一般的な非制限用法の用例を分析すると、(5)の動詞が使われている事例は2割に満たないことも分かりました。(6)から(8)は、(5)の中の3つの動詞（brings, leads, reminds）の用例数の比較を示しています。

(6)　a.　Which brings me/us（back）to　　　253例
　　　b.　…, which brings me/us（back）to　　35例
(7)　a.　Which leads me/us to　　　　　　　28例
　　　b.　…, which leads me/us to　　　　　16例
(8)　a.　Which reminds me　　　　　　　　　59例
　　　b.　…, which reminds me　　　　　　　7例

　結果として、語彙と構文に密接な関係があることが明らかとなったの

27　このコーパス名は、「イングランド銀行」（The Bank of England）をもじった名称だそうです。

です。

12.4.3 接頭辞と接尾辞の分析

　次に、第5章で紹介した接頭辞や接尾辞に関する研究を紹介しましょう。単語を構成する形態素についても、コーパスを活用して調査することが可能です。例えば、接頭辞は、使われ方に偏りがあるのかどうか、つまり、よく使われるものはどれか、といったことを明らかにできます。接頭辞だけでなく接尾辞についても同じです。

　この疑問に関して、Biber et al. (1999: 400-403)[28]は、コーパス調査を通して、例えば、動詞に付加している派生形態素の中で頻度が高い接頭辞と接尾辞を、それぞれ(9)と(10)に挙げています。不等号は頻度順を表しますので、左の方が頻度は高くなります。

(9)　接頭辞：re- > dis- > over- > un- > mis- > out-
(10)　接尾辞：-ize/-ise > -en > -ate > -(i)fy

　Biber et al.によると、接頭辞ではre-が、接尾辞では-ize/-iseが最も良く使われます[29]。また、会話においては、接頭辞re-の動詞と接尾辞-ize/-iseの動詞の頻度は、それぞれ2位の接頭辞dis-の動詞と接尾辞-enの動詞のほぼ2倍ですが、学術文献のようなかしこまった文章では、1位と2位は3倍以上の頻度の差となります。

28　et al. はラテン語で、「とその他の人たち」(and others)を意味します。日本語表記では、「バイバー・他」となります。ちなみに、andを意味するラテン語etの手書き文字が崩れて、&になりました。

29　-izeはアメリカ英語の綴り、-iseはイギリス英語の綴りです。Crystal (2021) を参照のこと。

第13章　言語習得

13.1　母語と第二言語

　言語習得（language acquisition）の研究は、対象となる言語が**母語**（mother tongue）か、それ以外かという観点から**心理言語学**（psycholinguistics）と**第二言語習得論**に分類できます。

　母語とは、人が生まれ育った環境で常に接して、自然に自由に使えるようになった、最も得意とする言語を指します。一般に、新生児が最初に接するのが母親の言語であることが、この用語の由来です[1]。母語は**第一言語**（first language, L1）とも呼ばれます。また、母語を使えるようになることが**母語習得**（first language acquisition, L1 acquisition）で[2]、これを研究対象とする分野が心理言語学です。その研究には、第12章で紹介したコーパスCHILDESも活用されています。

　なお、母語と似た用語に**母国語**があります。これは、母国の公的言語を指します。ただ、母語と母国語が一致しないこともあるため、注意が必要です。母語習得の研究では、文字通り母語が調査対象です。

　日本では、ほとんどの人が日本語だけを使う**単一言語話者**（monolingual）です。しかし、単一言語話者は世界人口の40%ですので、2言語かそれ以上を使う人たちと比べると、世界では少ない方になります[3]。

　母語の次に学ぶのが**第二言語**（second language, L2）です。これを使えようになるのが**第二言語習得**（second language acquisition, SLA, L2

1　*Chambers Dictionary of Etymology*によると、mother tongueの初出は1378年頃です。なお、母語はnative languageと表記されることもあります。
2　「母語獲得」と呼ばれることもあります。「習得」も「獲得」もacquisitionの訳語です。白井（2008: x-xi）、白畑（2021: 108）、バトラー（2015: 6-7）を参照のこと。
3　ilanguages.orgのサイトを参考にしました。URLは巻末にあります。

acquisition）です。その研究分野が第二言語習得論（または、第二言語習得理論）です。第12章で紹介した学習者コーパスを活用した研究もあります。

　さて、母語習得と第二言語習得には共通点と相違点があります。主な共通点は、両者には発達過程があることです。主な相違点は、うまく習得されるか否かということです。一般に、どんな言語であれ、母語習得がうまくいかない人はほとんどいません。しかし、第二言語習得はうまくいく人とうまくいかない人がいて、その差が著しいのです。その要因を調査分析することで、外国語学習に活用できることが発見されると期待されます。

13.2　母語習得

13.2.1 母語習得の過程

　母語習得の過程は、どの言語でも概ね共通しています。4～5歳の完成期に至るまでに、主に5つの発達段階があります。各段階は特徴に着目した名称となっていますが、時期は研究者によって異なることがあります[4]。それぞれの特徴を(1)～(5)にまとめました[5]。

(1)　誕生～6ヶ月：クーイング期（cooing stage）
　　　まだ言語音とは認められない音を発する時期です。名称は、鳥の「クークー」（coo）という鳴き声に似た音を発することに由来します。

(2)　6ヶ月～12ヶ月：喃語期（babbling stage）
　　　bababaやmamamaのように、幼児が発音しやすい子音（両唇音（/p/, /b/, /m/））と母音の組み合わせ[6]を発声し始めますが、意味はあ

---

[4]　Trask（1995: 147-148）によると、聾唖（ろうあ）の子どもも似たような過程を経て手話を習得します。また、バトラー（2015: 28）によると、人は胎児の段階で既に言語習得が始まっている可能性があります。

[5]　白畑（2021）, Trask（1995）, Wardhaugh and Tanaka（1994）などを参考にしました。

[6]　喃語と呼ばれます。なお、親を「パパ」（papa）、「ママ」（mama）と呼ぶ言語が多

りません。発音の単位である**音節**（syllable）が整い始める時期です。
習得する言語に特徴的な**音調**（intonation）を次第に帯び始めます。
そのため、母親は自分の子の喃語でなくても、自分の母語の喃語を
聞き分けることができる程になります。

(3)　12ヶ月〜18ヶ月：一語発話期（one-word stage）

　　単語として認識できる発音を始めます。一般にこの時期から言葉
を話し始めたと見なされます。英語の例として、bath, bye-bye,
daddy, doggie, eat, hot, spoon, that, upなどがあります。名詞や動詞
等の**内容語**（content word）が中心で、冠詞や助動詞等の**機能語**
（function word）や複数や過去時制等を示す屈折形態素は観察され
ません。

(4)　18ヶ月〜24ヶ月：二語発話期（two-word stage）

　　daddy sockやgimme spoonなどの二語から成る文を発話し始めま
す。この段階にmummy get（主語＋動詞）やget ball（動詞＋目的
語）という英語にある語順は発話されますが、ball get（目的語＋
動詞）という英語にない語順は発話されません。

(5)　24ヶ月〜：多語発話期（multiple-word stage）

　　二語発話期の次は、3語以上を続けて発話するようになります。
内容語だけでなく、機能語や屈折形態素が考察され始めます。この
時期になると、成人の言語と同じような発話ができるようになりま
す。

　生後15ヶ月頃までには語彙数が約10になります。語彙数が50ほどにな
る18ヶ月になると加速し始めて、1日に1〜2語を身につけてゆきます。
さらに2歳から6歳の間には1日平均10語を身につけるようになりま
す[7]。そして、6歳児になる頃には語彙総数は1万を超えます。

いことと関係すると考えられます。
7　O'Grady（2005: Chapter 2）を参照のこと。

13.2.2　経験論の問題

経験論（empiricism）的に考えて、生まれたばかりの人の言語の知識は、「白紙」の状態[8]で、母語習得は後天的な経験によるのでしょうか。3つの事例を検討してみましょう[9]。

まず、子どもは大人の発話を真似することで習得すると思われるかもしれません。例えば、英語の否定表現の初期の習得過程は、「noを発話の冒頭に置く」（例：No comb hair.）→「動詞の前にnoを置く、命令にdon'tを使う」（例：Daddy no comb hair. Don't touch that!）→「can'tやdon'tを使う」（例：I can't do it. He don't want it.）という順が指摘されています[10]。ところが、最初の「noを発話の冒頭に置く」否定表現は、大人の発話には無い表現です。よって、真似によって母語習得が行われるという説はこの過程が説明できません。

それでは、子どもは大人の発話から**類推**（analogy）によって母語を習得しているのでしょうか。例えば、(6a)の第2文型SVCのbe動詞をlookに置き換えた(6b)が成立するので、子どもは類推によって(7a)から(7b)を発話すると説明できそうです。ところが、子どもは(8a)から(8b)を作り出すことはしません[11]。

(6)　a.　Lisa is happy.　　→　b.　Lisa looks happy.
(7)　a.　The dog is happy.　→　b.　The dog looks happy.
(8)　a.　Lisa is sleeping.　↛　b.　*Lisa looks sleeping.

(6b)や(7b)のSVC構文では、C（補語）に形容詞が使えます。しかし、(8a)が可能だからと言って、子どもは、(8b)のようにlookの後に動詞（現在分詞）を置くことはしません。子どもは、類推を使っているのではなく、範疇が関係する構文の特質を無意識に知っているので、(6)と(7)

8　イギリスの経験論者ジョン・ロック（John Locke, 1632-1704）はラテン語でtabula rasa（白紙）と呼びました。
9　白畑（2004）も参照のこと。
10　Lightbown and Spada（2013: 9-10）を参照のこと。
11　Trask（1995: 146）を参照のこと。

の言い換えは可能で、⑻では不可能だと直感的に判断できるのです。

　最後に、大人による子どもの発話の**矯正**（reinforcement）も母語習得においてそれほど役立たないことが判明しています。例えば、「もう一方のスプーン」をother one spoonと言ってしまう子どもに向かって、父親が正しい語順はthe other spoonだと教えても、子どもは誤った言い方other one spoonを繰り返してしまい、直すことがありません[12]。

13.2.3　普遍文法

　子どもは、4～5歳になる頃には大人と会話ができるくらい言語能力が発達します。しかし、それまで子どもが耳にする言語表現は、教科書にあるような正しい表現ばかりではありません。中途半端な表現や言い間違いなど様々な表現が含まれます。それなのに、短期間に、極めて正確に母語習得を行うのです。また、⑹から⑻の事例を含む様々な考察から、子どもは教えられていない言語の知識を備えていることも明らかとなっています。

　第1章で説明したように、それはなぜかという問いを言語学者ノーム・チョムスキーは**プラトンの問題**（Plato's Problem）と呼んでいます。これを解く一つの説を紹介しましょう。

　まず、経験論を離れ、**合理論**（rationalism）的に考えて、言語習得はゼロからの出発ではないと仮定します。チョムスキーによると、個々の言語の文法の素型とも言うべき基礎的な言語の知識を生得的に（innate）人は備えています。それが**普遍文法**（Universal Grammar, UG）です[13]。

　UGには、言語に共通した原理に加えて、スイッチのようなものが備わっていると考えられます。例えば、日英語の語順の違いは、文構造における動詞句VPの主要部Vと補部NPの位置関係の違いが大きな要因となっています。そこで、V＋NP（英語タイプ）とNP＋V（日本語タイプ）のいずれかを選ぶスイッチがUGにあると考えるのです。このようなスイッチは**媒介変数**（parameter）と呼ばれます。これが複数あれば、

12　Pinker（1994: 281）を参照のこと。
13　杉崎（2015）を参照のこと。

言語の多様性も捉えることができます。

　すると、母語習得は、子どもが母語となる言語に接しながら媒介変数を決める過程と見なせます。媒介変数の種類がUGで予め指定されているので、人間言語の範囲は限られて、逸脱した多様性が少ないことも説明できます。例えば、世界の言語の約8割がV＋NP（英語タイプ）かNP＋V（日本語タイプ）の言語で、これ以外の語順は限られています[14]。

　なお、UGについては別の見方も可能です。例えば、生後数ヶ月の子どもは世界の言語の発音を識別できる能力を備えていることが判明しています[15]。しかし、1歳になる頃には習得過程にある母語の発音だけを認識できるようになるのです。見方を変えると、UGにある選択肢を母語に即したものに限定しながら、不要なものを仕分けしているとも言えます。つまり、母語習得は母語運用のための最適化の作業なのです。

　チョムスキーの提案に対しては批判や代案もあり、研究は継続中です。例えば、マイケル・トマセロ（Tomasello（2003））は**認知言語学**（cognitive linguistics）をもとに**用法基盤の言語習得論**（Usage-Based Theory of Language Acquisition）を提案しています。ただ、チョムスキーの考えを対立軸とした論考が多いので、まずはこれを理解する必要があります。

13.3　第二言語習得

13.3.1　研究の歴史

　第二言語習得の研究の歴史を概観してみましょう[16]。初期（1940〜50年代）の代表がFries（1945）やLado（1957）に代表される**対照分析仮説**（contrastive analysis hypothesis）です。第二言語習得に対する母語の影響は**言語転移**（language transfer）と呼ばれ、これには習得を促進

14　Dryer and Haspelmath（2013）を参照のこと。
15　白井（2008: 42-44）、
16　小島（2018）やVanPatten and Benati（2015）などを参照のこと。

する**正の転移**（positive transfer）と、阻害となる**負の転移**（negative transfer）があります。母語と第二言語を対照分析することで、負の転移を予測し、これに焦点を当てることで効率的な学習が可能になると考えられました。その学習法は、第1章の1.4.3節で触れた行動心理学[17]の影響を受けた**文型練習**（Pattern Practice）、いわゆる反復練習でした。

　1960年代になると、生成文法の影響で研究の関心が人の内面や認知へと向かい始めます。学習者が犯す誤りは言語転移によると論じる対照分析仮説の問題が指摘され、学習者が実際に犯す誤りの研究が登場します。Corder（1967）の**誤答分析**（Error Analysis）が有名です。

　次の1970年代に登場したのが、Selinker（1972）の**中間言語**（interlanguage）です。学習者に母語でも（目標とする）第二言語でもない中間言語があり、その発達過程を明らかにするための研究が重視され始めました。

　また、生成文法の生得的な言語能力に着目して子どもの第二言語習得を説明しようとするDulay and Burt（1973）の**創造的構築仮説**（Creative Construction Hypothesis）もあります。これにKrashen（1977）の**モニター・モデル**（Monitor Model）が続きます。これは(1)から(5)の5つの仮説から成ります。

(1)　習得・学習仮説（Acquisition-Learning Hypothesis）
(2)　自然順序仮説（Natural Order Hypothesis）
(3)　モニター仮説（Monitor Hypothesis）
(4)　インプット仮説（Input Hypothesis）
(5)　情意フィルター仮説（Affective Filter Hypothesis）

　その後も、生成文法や認知言語学などの理論研究の影響も受けながら発展を続けています。研究対象、テーマ、方法、理論などが複数あるので、多様性のある分野となっています。

17　Watson（1913）の研究によって開始されたと見なされています。

13.3.2　第二言語習得の過程

　第二言語習得はどのように進むのでしょうか。例えば、モニターモデルの(1)の習得・学習仮説によると、第二言語は母語習得と同じように無意識に学ばれる「習得」と、教室などで意識的に学ぶ「学習」が区別され、別々に発達します。また、(2)の自然順序仮説は、文法は予測可能な習得順序があり、教える順序と無関係となります。

　学習者内面の認知過程に踏み込んだ提案もあります。例えば、Gass（1997: 3）のモデルを基にして村野井（2006: 10）は、インプット（input）の情報は、以下の4段階を経てアウトプット（output）に至ると論じています[18]。

　①気づき（noticing）：まず、耳や目を通して入ってくる膨大な情報の中から、例えば、単語、文法、発音などに注意を向けて探知（detect）します。そのような情報は気づかれたインプット（noticed input）となります。ただし、気づくためにはある程度理解できることが必要です。高度過ぎる内容のインプットを学習者は気づかないためです。

　②理解（comprehension）：気づかれたインプットの意味を理解する「浅いレベルの理解」から、アウトプットに必要な「表現形式、意味、機能」が結びついた「深いレベルの理解」へ進みます。そして、気づかれたインプットは理解されたインプット（comprehended input）となります。「表現形式、意味、機能」の結びつきを認識するとき、ある種の仮説を立てています。これは中間言語仮説形成（IL（= interlanguage）hypothesis formulation）と呼ばれます。

　③内在化（intake）：理解したことを学習者の内部にある中間言語に取り込むことが内在化です[19]。内在化した内容と新たにインプットされた情報との比較や、アウトプットの結果を踏まえて、②の理解の段階で形成した仮説を検証します。これが中間言語仮説検証（IL hypothesis testing）で、必要に応じて仮説の修正や破棄をします。

　④統合（integration）：アウトプットに備えて、中間言語仮説検証を

18　誌面の関係で、ここでは簡略して説明しました。
19　生成文法でも内在化という用語が使われますが、異なります。

終えた情報が長期記憶として中間言語に統合されます。中間言語は再構築され、情報処理の自動化が図られます。

　上述した①から④は、内面の過程なので直接観察できませんが、インプットとアウトプットは観察・制御が可能であるため第二言語習得では重要な役割を担います。

13.3.3　第二言語習得の条件

　第二言語の学習形態は多種多様ですが、白井（2011, 2012）によると、次の条件が整うと第二言語習得が成功する可能性が高まります。
① 　開始時期：学び始める時期が早い。
② 　母語との類似性：母語が学習する言語と「距離が近い」（つまり、似ている）。
③ 　学習者の適性：外国語学習に適している。
④ 　動機：外国語学習に対する動機が高い。
⑤ 　学習法：学習方法が効果的である。

年齢や母語は意図的に変えることはできないので、学習者や指導者は①と②に対処できません。③の外国語学習の適性は、意図的に変えることはできませんが、学習を始める前に学習者や指導者が知っておくとは有益です。残った④と⑤が学習者や指導者が取り組める部分です。以下、それぞれを詳しく検討してみましょう。

　まず、①の開始時期との関連で有名なのが、Lenneberg（1967）の**臨界期仮説**（critical period hypothesis）です。ある年齢（思春期（12歳〜13歳））に達すると、これ以後は新たな言語の習得は困難になるという説です。この説を受けて、日本では令和2年度（2020年度）から小学校で英語が教科化されました。しかし、学術研究においては、臨界期の存在やその時期などの詳細については合意がありません。現在でも「仮説」の状態です。

　②の母語との類似性ですが、例えば、第2章で学んだように、英語と歴史的関係が深いのは、ゲルマン語派の言語（ドイツ語など）とイタリック語派の言語（フランス語など）です。これらは共通してアルファ

ベットを使う言語です。よって、これらの言語を母語とする学習者は、比較的短時間で英語の習得が可能です。正の転移が多いためです[20]。これとは対照的に、英語と関係が薄いウラル・アルタイ語族に属する日本語を母語とする人の場合は習得が難しくなります。負の転移が学習の阻害要因となるためです。対照分析仮説はこれを克服しようとしました。

③の学習者の適性は、診断するための**言語適性テスト**（Modern Language Aptitude Test, MLAT）が開発されています[21]。これによって、文法に関わる言語分析能力、言語音声を認識する音声認識能力、記憶力を測ることができます。これらの能力は程度によって判明するので、受験者それぞれ異なる結果となります。一般に、適性と学習法をうまく組み合わせると、高い成果が期待できます。言語適性の程度は個人によって異なるので、教室での一斉授業では特別な工夫や対応が必要になります。

④の動機には、**総合的動機付け**（integrative motivation）、**道具的動機付け**（instrumental motivation）、**国際的志向性**（international posture）があります。日本語の母語話者が英語を第二言語として習得を目指す場合を例にすると、総合的動機付けは、英語圏の生活・文化への興味や関心が動機となる場合です。

道具的動機付けは、英語を道具として使って何かを達成したいという場合です。例えば、検定試験で上級を取得すれば給与が良くなるから英語を勉強することが考えられます。

最後の国際的志向性は、世界を意識した国際人としての芽生えが動機となる場合です。英語は国際語になっているから、英語が使えないと世界の人たちとコミュニケーションが取れないという意識が英語学習の動機になります。

動機は重要ですが、これを行為（英語学習）に結びつけないと習得に至る可能性を高めることは難しくなります。例えば、日本で20歳から49歳にアンケート調査をしたところ[22]、英語を学びたいと思っている人の

---

20 転移に関して、本章ではかなり大雑把な分析を紹介しています。
21 巻末のLanguage Learning and Testing Foundationのウェブサイトを参照のこと。
22 2013年に1200名を対象に実施されたクロス・マーケティング社の調査「グローバル

割合は、全体で57%、学生だと68%を占めます。ただ、英語の勉強法を尋ねると、特に何もしていない人が全体で64%、学生の49%も占めることが判明しました。つまり、意識はあっても行為に至っていない傾向が強いのです。

　⑤の効果的な学習法は次節で説明します。

13.3.4　効果的な学習法

　白井（2011: 160, 2012: 26-29）によると、第二言語習得論からみた効果的学習法として、「言語の本質に合った学習法」、「言語習得の本質に合った学習法」、「個々の学習者の特性に合った学習法」の3つがあります。最後の「個々の学習者の特性に合った学習法」については、前節の③学習者の適性で若干触れましたので、日本語の母語話者が英語を第二言語として習得を目指す場合を例にして、最初の2つについて説明しましょう[23]。

　まず、「言語の本質に合った学習法」ですが、そもそも「英語ができる」とはどのような能力を備えていることでしょうか。それが**言語能力**（linguistic competence）、**談話能力**（discourse competence）、**社会言語学的能力**（sociolinguistic competence）、**戦略的能力**（strategic competence）の4つです。これらはまとめて**コミュニケーション能力**（communicative competence）と呼ぶこともできます。

　まず、発音・語彙・文法に関わるのが言語能力です。単文レベルで正確に発音できる・文を作れる・理解できる、という能力です。例えば、中学英語の習得を目標にするのであれば、学ぶべき発音、語彙、文法は自ずと定まります[24]。

　しかし、これだけでは実際に英語は使い物になりません。さらに別の能力を養う必要があるからです。例えば、話し相手にメッセージを伝え

化と英語に関する実態調査」によります。数値は小数点以下を四捨五入しました。
23　今井（2020: 9-15）は、目標設定をしない英語学習の問題点を指摘しています。ここでは、目標が具体的に定まっているという前提で説明を進めます。
24　幼稚園から高等学校までの学習内容は法的に定めて、学習指導要領に示されています。

るには、ある話題（topic）について複数の文を関連させて談話を構成します。そのための談話能力が必要です。この能力を伸ばす学習活動の一例が、パラグラフ・ライティング（paragraph writing）です。

　次に必要となるのが、人付き合いを円滑に行うために適切に言語を使う社会言語学的能力です。例えば、他人に物事を依頼するとき、相手が家族か職場の上司かで表現を適切に選ぶ能力が必要となります。

　また、戦略的能力も備えていると大変役に立ちます。例えば、言いたいことを的確に表す単語が思いつかないとき、その内容を別の語句で表現したり、思いつくまで「え～っと」やUh...（/ə:/）で時間稼ぎをしたりする能力です。

　これら4つの能力が備えられるような英語学習が必要なのです。

　次の「言語習得の本質に合った学習法」で重要になるのが、13.3.1節で触れた(4)のインプット仮説です。これは、学習者の言語知識より少し高いレベルの理解可能なインプットによって習得が起こるという説です。現在の学習者の言語知識を i として、次の段階を $i+1$ と定義すれば、習得が適切になされるためには、i より進んだ $i+1$ の理解可能なインプット（comprehensible input）が必要となります。

　さらに、白井（2011: 166-169, 172; 2012: 56-64）はインプットに加えて、アウトプットの必要性を説いています[25]。手短にまとめると、「言語習得の本質に合った学習法」として、「大量のインプットと少量のアウトプットを組み合わせる」という提案をしています。

13.4　認知科学の外国語学習論

13.4.1　スキーマ

　人の知覚、記憶、思考、学習などの仕組みを心と脳のさまざまなレベルで理解しようとするのが**認知科学**（cognitive science）と呼ばれる分

25　土屋（1988）も参考のこと。

野です[26]。歴史的には、外部から観察可能な刺激と反応に着目する行動心理学があり、アメリカの構造言語学（structural linguistics）の拠り所にもなりました。

　これに対して、刺激から反応を生じさせる（外部から観察できない）内面過程を明らかにしようという対立軸として認知科学は誕生しました[27]。その下位分野にある**認知心理学**（cognitive psychology）でも言語習得について研究が行われています。そこで重要となるのが**スキーマ**（schema）という概念です。手短にまとめると、スキーマは「抽象化の作用により、具体的な事例から共通性を抽出して得られた上位概念構造」になります[28]。

　母語に関する知識もスキーマの一種と考えられます。母語話者はこれを意識することなく、言語使用のとき無意識にアクセスしています。ですから、不自然な表現（例えば、「*ドアを開けると、そこに少年があった」）に対して「不自然だ」と感じるのに、その理由を問われても、うまく説明できないのです[29]。すると、子どもの母語習得は、母語のスキーマを形成する過程と見なすこともできます[30]。

　第二言語習得では、学習者は無意識に母語のスキーマを使ってしまうことがあります。日本語の「見る」を、適当に英語のseeやlookやwatchと訳してしまうのはその一例です。だから、日本語の母語話者が英語を学習する場合には、意識して英語のスキーマを育てることが重要なのです。ただ、無意識のレベルにあるスキーマを言葉で隈なく記述したり、全てを公式化したりするのは不可能です。そこで学習法に工夫が必要となります。

26　本節では、今井（2020）の分析と提案を紹介します。
27　この点で、生成文法も認知科学の流れを汲むと見なすことができます。
28　中野・他（2015: 335）によります。
29　「ドアを開けると、そこに少年がいた」は自然です。意味素性を使うと、名詞「少年」は[+animate]だから、述語は「いた」でないといけない、と説明できます。
30　スキーマは、生成文法の内在化した言語（I言語）と似た位置付けですが、相違点もあるので注意が必要です。

13.4.2　無意識の知識の深め方

　英語のスキーマを育てるには、何が必要でしょうか。わかりやすく教えてもらうことでしょうか。実は、わかりやすく教えられても、その内容が学習者の脳に定着するとは限らないのです。すぐに理解できたり、本の斜め読みでわかったと感じたり、感銘を受けたりしても、記憶は定着せず忘れてしまうものです。つまり、人の記憶は意外と脆弱なのです。

　ところが、理解するのに苦労したり努力したりするほど、情報処理は深くなるので忘れにくくなります。ですから、学習者自身が深い学びを実践することが、英語のスキーマを育てる出発点となります。

　具体的には、知っていても運用できるとは限らないので、「使えること」を意識した学習法が必要となります。これによって、個々の単語の知識を超えたスキーマを育てることが可能になります。今井（2020: 79）によると、学習の5つのステップがあります。

⑴　自分が日本語スキーマを無意識に英語に当てはめていることを認識する。
⑵　英単語の意味を文脈から考えて、さらにコーパスで単語の意味範囲を調べて[31]、日本語で対応する単語の意味範囲や構文と比較する。
⑶　日本語と英語の単語の意味範囲や構文を比較することにより、日本語スキーマと食い違う、英語独自のスキーマを探すことを試みる。
⑷　スキーマのズレを意識しながらアウトプットの練習をする。構文のズレと単語の意味範囲のズレを両方意識し、英語のスキーマを自分で探索する。
⑸　英語のスキーマを意識しながらアウトプットの練習を続ける。

13.4.3　学習の優先順位

　具体的に、何を優先して英語の学習を進めたら良いのでしょうか。最優先は語彙力の強化です。これが、アウトプットを可能にする英語力を

31　個人で使える無料の辞書やコーパスとして、Weblio英和・和英辞典、Cambridge English Dictionary、SKELL、COCA、WordNetがあります。URLは巻末に載せました。

身につけて、さらに4技能（聴く、読む、話す、書く）をバランスよく伸ばす基礎となります。また、未知の単語の意味を推測するためにも、ある程度の語彙を身についていることが必要です。

ただし、語彙の広がりや深さを得るには、多読や多聴より「熟読」や「熟見」の方が効果的です。例えば、興味ある分野や好きな作家の英語の文章をじっくり読む、好きな俳優が出演している映画（DVD）での英語の台詞を、日英語の字幕を活用しながら完全理解できるまで見るという学習法[32]が考えられます。

また、アウトプットとしての運用能力を支える語彙力を高めるには、単語の意味だけでなく、その単語が使われる構文、その単語と一緒に使われる単語、その単語の頻度に着目した学習が重要です。また、その単語が使われる文脈（フォーマリティの情報を含む）、その単語の多義の構造（単語の意味の広がり）、その単語が属する概念の意味ネットワークの知識が加わると、語彙力はさらに強化できます。英和辞典も有用な学習ツールになるでしょう[33]。

さて、4技能は均等に学習すべきでしょうか。実は、4技能は学習者への負荷がそれぞれ異なります。インプットとしては、「聴く」より「読む」の方が、アウトプットとしては、「話す」より「書く」の方が学習者のペースに合わせられます。これも念頭に、学習者の能力や必要性に応じて、合理的な学習法を検討すべきです。

最後に、外国語学習は短期集中と長期継続のどちらが効果的でしょうか。子どもの母語習得を手がかりとすれば、一方だけが効果的ということはありません。合理的で現実的なのは、「最初は集中して学び、その後は少し間隔を空けても構わないので、気長に学ぶ」という学習です。

32　楽しめれば継続も可能です。これこそ「楽習」です。

33　英語辞書を使った学習法については、巻末の山岸勝栄博士のサイトを参照のこと。

参考文献

和書（50音順）

あ

赤野一郎・堀 正広・投野由紀夫 編著（2014）『英語教師のためのコーパス活用ガイド』大修館書店.

朝尾幸次郎（2019）『英語の歴史から考える 英文法の「なぜ」』大修館書店.

朝香 花（1996）「イギリス英語における標準語化について：その過程とイデオロギー」『成城英文学』20, 1-29.

家入葉子（2005）『文科系ストレイシープのための研究生活ガイド』ひつじ書房.

家入葉子（2009）『文科系ストレイシープのための研究生活ガイド 心持ち編』ひつじ書房.

五十嵐康男（2004）「英語母音図の比較：その実際の姿はどうなっているのか」*Seijo English monographs* 37, 35-55, 成城大学.

池内正幸（2010）『ひとのことばの起源と進化』開拓社.

今井邦彦（1991）「『マイフェアレディ』の謎―ヒギンズ教授はD・ジョウンズ!?」『言語』20, 7月号, 12-17.

今井むつみ（2020）『英語独習法』岩波書店.

今里智晃・土家典生（1984）『英語の辞書と語源』大修館書店.

宇賀治正朋（2000）『英語史』開拓社.

遠藤幸子（1992）『英語史で答える英語の不思議』南雲堂フェニックス.

大石 強（1988）『形態論』開拓社.

大門正幸・柳 朋宏（2006）『英語コーパスの初歩』英潮社.

太田 聡（2010）「日本の地名のアクセント型とラテン語アクセント規則との不思議な関係について」『異文化研究』第4巻, pp.1-14.

沖田知子 (2007)「ことば学への招待」『台灣日本語文學報』22, 1-20.

奥 聡 (2016)「生成文法 初級」日本言語学会夏期講座2016.

か

影山太郎 (1996)『動詞意味論』くろしお出版.

影山太郎 編 (2001)『日英対照 動詞の意味と構文』大修館書店.

影山太郎 編 (2009)『日英対照 形容詞・副詞の意味と構文』大修館書店.

影山太郎、ブレント・デ・シェン、日比谷潤子、ドナ・タツキ (2004)
『First Steps in English Linguistics―英語言語学の第一歩―』くろしお
出版.

風間喜代三 (1994)『言語学の誕生』岩波書店.

門田修平 (2014)『英語上達12のポイント』コスモピア.

唐澤一友 (2011)『英語のルーツ』春風社.

河底尚吾 (1985)『ラテン語入門』泰流社.

岸田隆之・早坂 信・奥村直史 (2002)『歴史から読み解く英語の謎』教
育出版.

岸田隆之・早坂 信・奥村直史 (2018)『英語の謎―歴史でわかるコトバ
の疑問』角川ソフィア文庫.

岸本秀樹 (2009)『ベーシック生成文法』ひつじ書房.

衣笠忠司 (2010)『Google検索による英語語法学習・研究法』開拓社.

衣笠忠司 (2014)『英語学習者のためのGoogle・英辞郎検索術』開拓社.

久野 暲・高見健一 (2005)『謎解きの英文法―文の意味』くろしお出版.

久保善宏・毛利史生・古川武史『カンタン英文法』開文社, 2005.

小島さつき (2018)「第5章　英語教育と第二言語習得研究」『英語教育
と言語研究』111-134, 朝倉書店.

さ

斎藤兆史 (2007)『日本人と英語』研究社.

斎藤 衛 (2021)「生成文法II」東京理論言語学講座, 2021年4月-7月.

酒井邦嘉 (2019)『チョムスキーと言語脳科学』集英社インターナショ

ナル.

佐藤喜之（2008）「藤岡勝二・新村出の門下生⑵　明治・大正の言語学
　　その6」『学苑・総合教育センター特集』811, 54-62, 昭和女子大学.

清水克正（1995）『英語音声学─理論と学習』勁草書房.

白井恭弘（2008）『外国語学習の科学─SLA理論からみた効果的な英語
　　教育とは─』岩波書店.

白井恭弘（2011）「外国語学習の科学─第二言語習得論とは何か」『九州
　　国際大学国際関係学論集』 6巻, 第1・2合併合, 145-174.〈http://id.
　　nii.ac.jp/1265/00000270/〉

白井恭弘（2012）『英語教師のための第二言語習得論入門』大修館書店.

白井恭弘（2013）『英語は科学的に学習しよう』中経出版.

白畑知彦（2021）『英語教師がおさえておきたい ことばの基礎的知識』
　　大修館書店.

白畑知彦 編著（2004）『英語習得の「常識」「非常識」』大修館書店.

白水浩信（2016）「ラテン語文法書におけるeducareの語釈と用例」『北
　　海道大学大学院教育学研究院紀要』126, 139-154.

杉崎鉱司（2015）『はじめての言語獲得：普遍文法に基づくアプローチ』
　　岩波書店.

鈴木 亨（2014）「Think differentの言語学─創造的逸脱表現を支える文
　　法のしくみ」『山形大学人文学部研究年報』11, 69-86.

鈴木 亨（2016）「'Think different'から考える創造的逸脱表現の成立」『言
　　語学の現在を知る26考』241-253, 研究社.

鈴木雅光（2013）「規範文法について」*Dialogos* 13, pp. 39-51, 東洋大学.

鈴木雅光（2018）「規範文法はなぜ滅びないのか」『東洋大学大学院紀
　　要』第49集, pp. 405-421.

関谷英里子（2011）『えいごのつぼ』中経出版.

瀬田幸人（1997）『ファンダメンタル英文法』ひつじ書房.

た

高橋勝忠（2009）『派生形態論』英宝社.

高橋勝忠（2017）『英語学を学ぼう』開拓社.

高橋勝忠・福田稔（2001）『英語学セミナー』松柏社.

滝沢直宏（2001）「文外に先行詞をもつ関係代名詞Which―語彙と構文の相互依存性と談話的機能―」『意味と形のインターフェイス』（中右実教授還暦記念論文集、下巻), 837-846, くろしお出版.

滝沢直宏（2017）『ことばの実際2 コーパスと英文法』研究社.

竹内真生子（2012）『日本人のための英語発音完全教本』アスク出版.

田島松二（2001）『わが国の英語学100年―回顧と展望』南雲堂.

舘 清隆（1998）「コーパスに支援された文法研究」『これからの英語教育』270-282, 東京書籍.

立川健二・山田広昭（1990）『現代言語論』新曜社.

田辺春美（2018）「『英語学概論』の100年―何を教え、何を学んだか―」『成蹊英語英文学研究』22, 109-125.

土屋澄男（1988）「言語習得におけるOUTPUTの役割」『言語と文化』1, 90-102, 文教大学.

投野由紀夫（2006）『投野由紀夫のコーパス超入門』小学館.

投野由紀夫・編（2015）『コーパスと英語教育』ひつじ書房.

戸高裕一（2019）『これ1冊でリスニング・スピーキングが上達!!』第2版, 学文社.

な

中右 実（1994）『認知意味論の原理』大修館書店.

中郷 慶（1999）「コーパス言語学の現状と課題」『愛知淑徳短期大学紀要』38, 187-202.

中島平三（1995）『発見の興奮―言語学との出会い』大修館書店.

中島平三（2011）『ファンダメンタル英語学演習』ひつじ書房.

中田達也（2019）『英単語学習の科学』研究社.

中野弘三・服部義弘・小野隆啓・西原哲雄 監修（2015）『最新英語学・言語学用語辞典』開拓社.

仲俣尚己（2021）『『中納言』を活用したコーパス日本語研究入門』ひつ

じ書房.

中村純作・堀田秀吾 編（2008）『コーパスと英語教育の接点』松柏社.

中村 捷（2009）「市河三喜『英文法研究』とはどんな本か」『人文・社会科学論集』27, 53-67, 東洋英和女学院大学.

西川盛雄（2006）『英語接辞研究』開拓社.

西川盛雄（2013）『英語接辞の魅力』開拓社.

は

橋本 功（2005）『英語史入門』慶應義塾大学出版会.

長谷部陽一郎（2020）「English-Corpora.orgを用いた言語データの採取」未刊原稿, 同志社大学.〈https://yohasebe.com/assets/docs/ECO-Tutorial.pdf〉

畠山雄二 編（2017）『理論言語学史』開拓社.

バトラー・後藤・裕子（2015）『英語学習は早いほど良いのか』岩波書店.

浜崎通世（2013）「文法と文の組み立て ―2012年度教員免許更新講習報告−」『外国語研究』46, 1-32.

原島広至（2018）『語源でわかる中学英語　knowの「k」はなぜ発音しないのか?』KADOKAWA.

原田信一（1969）「書評 Masaru Kajita: A Generative-Transformational Study of Semi-Auxiliaries in Present-Day American English（Tokyo: Sanseido, 1968. \1,900)」『英文学研究』46巻, 1号, 106-108, 日本英文学会.〈https://doi.org/10.20759/elsjp.46.1_106〉

廣森友人（2015）『英語学習のメカニズム：第二言語習得研究にもとづく効果的な勉強法』大修館書店.

深谷輝彦・滝沢直宏（2015）『コーパスと英文法・語法』ひつじ書房.

福田 稔・中村浩一郎・古川武史（2018）「第I部 最新の文構造研究と統語論の進展」『言語の構造と分析―統語論、音声学・音韻論、形態論』1-81, 開拓社.

保坂道雄（2014）『文法化する英語』開拓社.

星 浩司（2010）『言語学への扉』慶應義塾大学出版会.

細江逸記（1917）『英文法汎論』泰文堂.

堀田隆一（2011）『英語史で解きほぐす英語の誤解』中央大学出版部,.

堀田隆一（2016）『英語の「なぜ?」に答える―はじめての英語史』研究社.

堀田隆一（2019-2020）「英語指導の引き出しを増やす英語史のツボ」『英語教育』2019年4月号〜2020年3月号に連載, 大修館書店.

ま

枡矢好弘（1976）『英語音声学』こびあん書房.

枡矢好弘（2015）『中世英雄叙事詩ベーオウルフ韻文訳』開拓社.

枡矢好弘・福田 稔（1993）『学校英文法と科学英文法』研究社.

町田 健 編著（2001）『言語学のしくみ』研究社.

町田 健（2004）『ソシュールのすべて』研究社.

松井千枝（1980）『英語学概論』朝日出版

宮腰正孝（2012）「5文型の源流を辿る―C. T. Onions, An Advanced English Syntax（1904）を超えて」『専修人文論集』90, 437-465.

村野井 仁（2006）『第二言語習得研究から見た効果的な英語学習法・指導法』大修館書店.

森川正博（1997）『親しもう、言語学・英語学に』青山社.

や・わ・他

八木克正（2007）『世界に通用しない英語』開拓社.

八木克正（2011）『英語教育に役立つ英語の基礎知識Q&A』開拓社.

矢島裕紀彦（2016）「40歳の夏目漱石が東大教授への昇進話と引き替えに手に入れた人生の宝物とは【日めくり漱石／5月3日】」『サライ』小学館.〈https://serai.jp/hobby/55343〉2022年3月8日閲覧.

安井 稔（1988）『英語学史』開拓社.

渡部昇一（1975）『英語学史』大修館書店.

渡部昇一（2001）『渡部昇一 小論集成（下）』大修館書店.

渡部昇一（2003）『英文法を知ってますか』文藝春秋.

渡部昇一（2020）『アングロ・サクソン文明楽穂集10』広瀬書院.

MacWhinney, Brian 監修、宮田Susanne編『今日から使える発話データベースCHILDES入門』ひつじ書房.

NHKスペシャル「人類誕生」制作班（2018）『大逆転! 奇跡の人類史』NHK出版.

洋書（アルファベット順）

Aitchison, Jean（1992）*Teach yourself linguistics*, Hodder Headline Plc, London.

Bauer, Laurie（1983）*English Word-formation*, Cambridge University Press, Cambridge, UK.

Biber, Douglas, Stig Johansson, Geoffrey Leech, Susan Conrad, and Edward Finegan（1999）*Longman Grammar of Spoken and Written English*, Pearson Education Limited, Essex, UK.

Bloomfield, Leonard（1933）*Language*, Holt, Rinehart & Winston, New York.（三宅鴻・日野資純訳『言語』大修館書店, 1969）

Carnie, Andrew（2002）*Syntax: A Generative Introduction*, 1st edition, Blackwell Publishing, Oxford.

Chomsky, Noam（1957）*Syntactic Structures*, Mouton Publishers, The Hague.

Chomsky, Noam（1965）"Generative Grammars as Theories of Linguistic Competence," *Aspects of the Theory of Syntax*, 3-9, MIT Press, Cambridge, MA.（『チョムスキー言語基礎論集』97-104, 福井直樹 編訳, 岩波書店.）

Chomsky, Noam（1975）*Logical Structures of Linguistic Theory*, Plenum, New York.

Chomsky, Noam（1979）*Language and Responsibility*, 1st American edition, Pantheon Books, New York.（『チョムスキーとの対話：政治・思想・言語』ミツ・ロナ編、三宅徳嘉・今井邦彦・矢野正俊 訳, 1980,

大修館書店（1977年のフランスのFlanmmarion社版の日本語訳））

Chomsky, Noam（1980）*Rules and Representations*, Columbia University Press, New York.（『ことばと認識』井上和子・神尾昭雄・西山佑司共訳, 大修館書店）

Chomsky, Noam（1986a）*Knowledge of Language: Its Nature, Origin, and Use*, Praeger Publishers, New York.

Chomsky, Noam（1986b）*Barriers*, MIT Press, Cambridge, MA.

Chomsky, Noam（2012a）"Introduction,"『チョムスキー言語基礎論集』17−26, 岩波書店.（「『言語基礎論集』への序」同書, 1-16, 福井直樹編訳.）

Chomsky, Noam（2012b）*The Science of Language: Interview with James McGilvray*, Cambridge University Press.（『チョムスキー 言語の科学―ことば・心・人間本性』成田広樹 訳, 岩波書店, 2016）

Chomsky, Noam（2021）"Minimalism: Where Are We Now, and Where Can We Hope to Go,"『言語研究』160, pp.1–41. doi: 10.11435/gengo.160.0_1〈http://www.ls-japan.org/modules/documents/index.php?content_id=2309〉

Chomsky, Noam and Morris Halle（1968）*The Sound Pattern of English*, Harper & Row, New York.（『生成音韻論概説』小川直義・井上信行 訳, 泰文堂, 1983）

Corder, S. P.（1967）"The Significance of Learners' Errors," *International Review of Applied Linguistics in Language Teaching*, 5, 161-170.〈http://dx.doi.org/10.1515/iral.1967.5.1-4.161〉

Crystal, David（2021）*David Crystal's 50 Questions About English Usage*, Cambridge University Press.

Curme, George O.（1931）*Syntax*, D. C. Heathe and Company, Boston.（Reprinted by Maruzen, Tokyo, 1959）

Dryer, Matthew S. and Martin Haspelmath（2013）*The World Atlas of Language Structures Online*, Max Planck Institute for Evolutionary Anthropology, Leipzig.〈http://wals.info〉

Dulay, Heidi C. and Marina K. Burt（1973）"Should We Teach Children Syntax?" *Language Learning* 23（2）, 245-258.

Flanagan, Damian（2020）"Edging Toward Japan: Tokyo University should celebrate its huge literary talents," *The Mainich*, October 17, 2020（Mainichi Japan）.〈https://mainichi.jp/english/articles/20201017/p2a/00m/0na/023000c〉

Fries, Charles C.（1945）*Teaching and learning English as a foreign language*, The University of Michigan Press, Ann Arbor, MI.

Gass, Susan M.（1997）*Input, Interaction, and the Second Language Learner*, Routledge, New York.〈https://doi.org/10.4324/9780203053560〉

Huddleston, Rodney and Geoffrey K. Pullum（2002）*The Cambridge Grammar of the English Language*, Cambridge University Press.（畠山雄二 編集委員長『「英文法大事典」シリーズ』開拓社, 2017－2021）

Jespersen, Otto（1909–1949）*A Modern English Grammar on Historical Principles*, Parts I-VII, George Allen & Unwin Ltd., London, and Ejnar Munksgaard, Copenhagen.（Reprinted by Meicho Fukyu Kai, Tokyo, 1983）

Jones, Daniel（1957）*The Pronunciation of English*, Fourth edition, Cambridge University Press.

Jones, Daniel（1976）*An Outline of English Pronunciation*, First paperback edition, Cambridge University Press.

Kajita, Masaru（梶田 優）（1967）*A Generative-Transformational Study of Semi-Auxiliaries in Present-Day American English*, Ph.D. dissertation, Princeton University.

Kajita, Masaru（梶田 優）（1968）*A Generative-Transformational Study of Semi-Auxiliaries in Present-Day American English*, Sanseido.

Krashen, Stephen（1977）"Some issues relating to the Monitor Model," In H. D. Brown, C. Yorio and R. Crymes（eds.）*On TESOL '77: Teaching and Learning English as a Second Language: Trends in Research and Practice*, 144-158.

Krashen, Stephen D. (1982) *Principles and Practice in Second Language Acquisition*, Pergamon, Oxford/New York.

Lado, Robert (1957) *Linguistics Across Cultures: Applied Linguistics for Language Teachers*, The University of Michigan Press, Ann Arbor, MI.

Lawrence, John (1893) *Chapters on Alliterative Verse*, Henry Hrowde, London.

Lees, Robert B. (1957) "Syntactic structures. By Noam Chomsky," *Language*, Vol. 33, No. 3, 375-408. https://doi.org/10.2307/411160

Lenneberg, Eric Heinz (1967) *The Biological Foundations of Language*, John Wiley & Sons, New York. (佐藤方哉・神尾昭雄 訳『言語の生物学的基礎』大修館書店, 1974.)

Lightbown, Patsy M. and Nina Spada (2013) *How Languages are Learned*, Oxford University Press. (『言語はどのように学ばれるか』白井恭弘・岡田雅子 訳, 岩波書店, 2014)

Lindquist, Hans (2010) *Corpus Linguistics and the Description of English*, Edinburgh University Press. (渡辺秀樹・他 訳『英語コーパスを活用した言語研究』大修館書店, 2016)

McEnery, Tony and Andrew Wilson (1996) *Corpus Linguistics*, Edinburgh University Press.

O'Grady, William (2005) *How Children Learn Language*, Cambridge University Press. (『子どもとことばの出会い』内田聖二・監訳, 研究社, 2008)

Onions, C. T. (1904) *An Advanced English Syntax*, Kegan Paul, Trench, Trubner & Co. Ltd., London, and the Macmillan Company, New York. (『高等英文法―統語論』安藤貞雄訳, 文建書房, 1969)

Pinker, Steven (1994) *The Language Instinct*, Harper Perennial Modern Classics, New York. (『言語を生み出す本能』上・下, 椋田直子訳, 日本放送出版協会, 1995)

Pullum, Geoffrey K. (2011) "On the Mathematical Foundations of Syntactic Structures," *Journal of Logic, Language and Information*, 20(3), 277-

296. doi:10.1007/s10849-011-9139- 8

Quirk, Randolph, Sidney Greenbaum, Geoffrey Leech, and Jan Svartvik (1985) *A Comprehensive Grammar of the English Language*, Pearson Education Limited, Essex, UK.

Sapir, Edward (1921) *Language: An Introduction to the Study of Speech*, Harcourt, Brace. (安藤貞雄 訳『言語―ことばの研究序説』岩波書店, 1998)

Saussure, Ferdinand de (1916) *Cours de linguistique Générale* (小林英夫 訳『言語学原論』岡書院, 1928)

Selinker, Larry (1972) "Interlanguage," *International Review of Applied Linguistics in Language Teaching*, 10, 209-241. 〈http://dx.doi.org/10.1515/iral.1972.10.1-4.209〉

Swan, Michael (2016) *Practical English Usage*, 4th edition, Oxford University Press, Oxford, UK.

Sweester, Eve (1990) *From Etymology to Pragmatics*, Cambridge University Press.

Sweet, Henry (1892, 1898) *A New English Grammar, Logical and Historical*, Parts I and II, Oxford University Press. (The two-volumes-in-one edition published by Meicho Fukyu Kai, Tokyo, 1983)

Tomasello, Michael (2003) *Constructing Language: A Usage-Based Theory of Language Acquisition*, Harvard University Press, Cambridge, MA. (『ことばをつくる: 言語習得の認知言語学的アプローチ』辻幸夫・他 訳, 慶應義塾大学出版会, 2008)

Trask, R. L. (1995) *Language: The Basics*, Routledge, New York.

Trask, R. L. and Bill Mayblin (2000) *Introducing Linguistics*, IconBooks UK and Totem Books USA.

VanPatten, Bill and Alessandro G. Benati (2015) *Key Terms in Second Language Acquisition*, 2nd edition, Bloombury Publishing, London. (『第二言語習得：キーターム事典』白畑知彦・鈴木孝明 監訳, 開拓社, 2017.)

Vendler, Zeno (1967) *Linguistics in Philosophy*, Cornell University Press, Ithaca, New York.

Wardhaugh, Ronald and Sachiko Tanaka (1994) *Language and Society*, Seibido, Tokyo.

Watson, John B. (1913) "Psychology as the behaviorist views it," *Psychological Review*, 20(2), 158-177. 〈https://doi.org/10.1037/h0074428〉

Williams, Edwin (1981) "On the Notions 'Lexically Related' and 'Head of a Word'." *Linguistic Inquiry* 12, 245-274.

インターネットURL（2022年4月9日に接続を確認）

▽第1章

https://hiphilangsci.net/2022/03/01/podcast-episode-23/（2022年3月1日に公開されたジェイムズ・マッケルヴェニーとのインタビュー）

https://thereader.mitpress.mit.edu/noam-chomsky-interview/（2019年8月12日に公開されたチョムスキー90歳の記念インタビュー記事）

https://www.hituzi.co.jp/hituzi/hituzi_shoshi-j.html（ひつじ書房の名の由来）

https://archive.org/details/cu31924013346519/mode/2up（ジョン・ローレンスの著書）

▽第2章

http://user.keio.ac.jp/~rhotta/hellog/（堀田隆一博士の英語史ブログ）

https://www.kyori.info/（計算距離のサイト）

https://www.travel-zentech.jp/world/map/british/United_Kingdom_Outline_Map.htm（イギリスの地図）

▽第6章

https://allthingslinguistic.com/（Gretchen McCulloch氏の言語学サイト）

https://www.youtube.com/watch?v=6UIAe4p2I74（The Cardinal Vowels with Daniel Jones, Daniel Jones博士自身による発音デモ）

▽第10章

https://thereader.mitpress.mit.edu/noam-chomsky-interview/（2020年8月

12日に公開されたチョムスキー90歳の記念インタビュー記事）

▽**第12章**

http://jaecs.com/（英語コーパス学会）

https://childes.talkbank.org/（Brian MacWhinney博士のCHILDESのサイト）

https://hiphilangsci.net/2022/03/01/podcast-episode-23/（2022年3月1日に公開されたジェイムズ・マッケルヴェニーとのインタビュー）

https://scnweb.japanknowledge.com/（小学館コーパスネットワーク）

https://www.english-corpora.org/（Mark Davies博士のコーパスのサイト, BNCやCOCAなどを含む）

https://www.kenkyusha.co.jp/uploads/lingua/prt/13/AkasuKaoru1307.html（研究社ウェブマガジン、リレー連載、実践で学ぶコーパス活用術）

▽**第13章**

http://ilanguages.org/bilingual.php（ilanguages.orgのサイト）

http://lltf.net/（Language Learning and Testing Foundationのウェブサイト, 言語適性テストMLATの説明）

http://wordnetweb.princeton.edu/perl/webwn（WordNetの検索サイト）

https://dictionary.cambridge.org/dictionary/english/（Cambridge English Dictionaryのサイト）

https://ejje.weblio.jp/（Weblio英和・和英辞典のサイト）

https://skell.sketchengine.eu/#home?lang=en（SKELLのサイト）

https://www.english-corpora.org/（Mark Davies博士のコーパスのサイト, BNCやCOCAなどを含む）

https://www.youtube.com/watch?v=NiTsduRreug（Stephen Krashen on Language Acquisition, クラッシェン自身による講演で、1974年の日本人一家との出会いが語られます）

http://jiten.cside3.jp/（山岸勝栄博士の英語辞書サイト）

英語教科書

New Crown 1（三省堂, 2012）

New Crown 2（三省堂, 2012）

辞書

『アクシスジーニアス英和辞典』初版, 大修館書店, 2019.

『ウィズダム英和辞典』第 4 版, 三省堂, 2019.

『英語語源辞典』縮刷版, 研究社, 2018.

『英語便利辞典』小学館, 2006.

『オーレックス英和辞典』第 2 版新装版, 旺文社, 2016.

『学研現代新国語辞典』改訂第 5 版, 学研, 2012.

『コアレックス英和辞典』第 3 版, 旺文社, 2018.

『コンパスローズ英和辞典』初版, 研究社, 2018.

『最新英語学・言語学用語辞典』初版, 開拓社, 2015.

『ジーニアス英和辞典』第 5 版（机上版）, 大修館書店, 2015.

『スーパー・アンカー英和辞典』第 5 版, 学研プラス, 2015.

『日本語大辞典』初版, 朝倉書店, 2014.

『ユースプログレッシブ英和辞典』初版, 小学館, 2004.

『レクシス英和辞典』初版, 旺文社, 2003.

『ブリタニカ・オンライン・ジャパン』〈https://japan.eb.com/〉

Britannica Academic 〈https://academic.eb.com/levels/collegiate〉

Chambers Dictionary of Etymology, edited by Robert K. Barhhart, Chambers Publishing Limited, 1988.

Oxford Dictionary of English Etymology, edited by C. T. Onions, Oxford University Press, 1966.

Oxford English Dictionary, prepared by John A. Simpson and Edmund S. C. Weiner, 2 nd edition, Oxford University Press, 1989.

Webster's Third New International dictionary of the English Language, edited by Philip Babcock Gove（editor in chief）, G. & C. Merriam Co., 1976.

著者紹介
福田　稔（ふくだ　みのる）
1961年熊本県生まれ。熊本大学教育学部、甲南大学大学院
人文科学研究科、イリノイ大学言語学部大学院で英語学・
言語学を学ぶ。帝塚山学院大学専任講師・助教授、ハー
バード大学言語学科客員研究員を経て、2002年から宮崎公
立大学で教える。現在は宮崎公立大学人文学部教授、日本
ペンクラブ会員。

主な著書：『学校英文法と科学英文法』（研究社, 1993, 共著）、
『これでナットク！　前置詞・副詞』（フォーイン, 1994）、
『英語学へのファーストステップ』（英宝社, 1999, 共著）、
『英語学セミナー』（松柏社, 2001, 共著）、『言語の構造と分
析―統語論、音声学・音韻論、形態論』（開拓社, 2018, 共
編著）など。

基礎から学ぶ英語学入門ガイド
A Reader-Friendly Invitation to Understand English Linguistics

［検印廃止］

2022 年 9 月 5 日 初版発行

著　　　　者	福　田　　　稔
発　行　者	丸　小　雅　臣
組　版　所	日 本 ハ イ コ ム
カバーデザイン	萩　原　ま　お
印刷・製本	日 本 ハ イ コ ム

〒 162-0065　東京都新宿区住吉町 8 - 9

発行所　**開文社出版株式会社**

TEL 03-3358-6288　　FAX 03-3358-6287
URL http://www.kaibunsha.co.jp/

ISBN978-4-87571-589-4　　C3082